柏拉图传统的证言

公元前 4 世纪—公元 16 世纪

[希] 康斯坦蒂诺斯·斯塔伊克斯◎著

刘　伟◎译

中国出版集团
中国民主法制出版社
全国百佳图书出版单位

图书在版编目（CIP）数据

柏拉图传统的证言 /（希）康斯坦蒂诺斯·斯塔伊克斯（Konstantinos Staikos）著；刘伟译．—北京：中国民主法制出版社，2018.4
ISBN 978-7-5162-1785-6

Ⅰ．①柏… Ⅱ．①康… ②刘… Ⅲ．①柏拉图（前427–前347）—思想评论 Ⅳ．① B502.232

中国版本图书馆 CIP 数据核字（2018）第 082121 号

图书出品人 / 刘海涛
出版统筹 / 乔先彪
责任编辑 / 刘春雨　庞贺鑫

书名 / 柏拉图传统的证言
作者 /［希］康斯坦蒂诺斯·斯塔伊克斯　著　　刘伟　译

出版·发行 / 中国民主法制出版社
地址 / 北京市丰台区右安门外玉林里 7 号（100069）
电话 /（010）63292534　63057714（营销中心）　63055259（总编室）
传真 /（010）63056975　63055378
http: //www.npcpub.com
E-mail: mzfz@npcpub.com
经销 / 新华书店
开本 / 16 开　710 毫米 ×1000 毫米
印张 / 18.75
字数 / 250 千字
版本 / 2018 年 6 月第 1 版　　2018 年 6 月第 1 次印刷
印刷 / 北京建宏印刷有限公司

书号 / ISBN 978-7-5162-1785-6
定价 / 39.00 元

A real art of speaking…
which does not seize hold of truth,
does not exist and neverwill.

Τοῦ δὲ λέγειν ἔτοιμος τέχνη
ἄνευ τοῦ ἀληθείας ἧφθαι, οὐτ᾽ ἔστιν,
οὔτε μὴ ποτὲ ὕστερον γένηται.
Phaedrus (260e)

Ἀληθινὴ τέχνη τοῦ λόγου, χωρὶς νά᾽χει
ἀδράξει κανεὶς τὴν ἀλήθεια, οὔτε ὑπάρχει,
οὔτε ποτὲ ἔπειτα θὰ ὑπάρξει.
I.N.Theodorakopoulos
(Hestia,1948)

致比阿特丽斯

我们的姐妹、母亲和同胞

致 读 者

【XIII】在写作《柏拉图的图书馆与学园》的过程中，一些问题也自然随之提了出来。这些问题涉及从柏拉图那个时代起“对话录”的再版和分类，柏拉图文集的整理等。写作这部书的目的，一方面是要历史性地阐明柏拉图“对话录”和《法律篇》中模糊不清的方面（既包括原始手稿，也包括直至16世纪末期的拉丁文和阿拉伯文译文）；另一方面，是要让人们对一些关于解读柏拉图“对话录”思想理论和知名评注引起关注。

我们拥有希腊哲学家的全部完整手稿和作品，【IX】但是，我们却对整个“对话录”的出版过程、翻译和来源，以及从那个年代起，柏拉图著作手稿的流传和出版过程等知之甚少。

除此之外，我们还主要思考了以下问题：“柏拉图对话集”有学术版吗？亚历山大人曾获得了一些什么样的资料？他们的四联剧和三联剧背后的分类标准是什么？人们何时何地开始了伪造经典的活动？这种所谓的“伪造”对话录是何时开始出现的？是谁把柏拉图的思想和书籍引介给罗马的知识分子的？是谁首先把柏拉图的对话录翻译成拉丁文的？为什么挑选出这个对话录翻译成拉丁文？这个选择是否构建了一个传统？哪些早期的评注是卡奇迪乌斯基于《蒂迈欧篇》作出的？在罗马晚期、中世纪，以及东西方，柏拉图的思想是一个怎样的传播过程？柏拉图在阿拉伯世界的命运如何？为什么阿拉伯人挑选翻译和阐释了《蒂迈欧篇》、《理想国》和《巴门尼德篇》?【X】何时开始以典籍的形式系统地复制柏拉图的作品?最后,文艺复兴时期,什么启蒙人们开始在西方系统地传播柏拉图的思想?在把柏拉图的作品翻译成拉丁文的过程中,谁的方法是恰当的?佛罗伦萨学院,特别是马尔西利奥·费奇诺在柏拉图哲学的传统过程中产生了什么影响?

对于这些开放性问题,以及柏拉图学园中柏拉图继承者的相关问题,我们会尽力作出回答。同时,我们也会关注一些相关问题,都有助于我们了解柏拉图手稿的历史和哲学分类。这些问题,从古至今,一直得到学者们的关注,并与书籍的再版和传播直接息息相关。

本书也将会涉及拜占庭文人之间的关系问题。14 世纪晚期,意大利的人文主义运动,意大利城邦贵族阶层收藏图书的倾向,彼特拉克时期,对柏拉图其他典籍的丰富与充实。【XI】我们还会专辟篇章阐释西方第一个把“对话录”翻译成拉丁文的希腊学者——乔治,他来自特拉布宗。我们会考察“大学”圈的性质,在这里出现了第一次翻译成拉丁文的“柏拉图对话集”,以及在阿尔杜斯·马努提乌斯“学院”圈子里“柏拉图对话集”第一版的传播。我们还会考察柏拉图思想在意大利和在北方知识分子中的影响,柏拉图对他们的影响,是很容易在他们的著作中得到辨识的。

在阐述柏拉图手稿和印刷书籍传统中,我们也广泛参阅了世界各地的图书和去过了重要的图书馆。这些世界各地的图书和形成的重要图书馆,在各自文明进程中都充当了重要的功能,无论是希腊、罗马、阿拉伯,还是文艺复兴时期的意大利都是这样。我相信,每一次新的文化运动,都是一部宏大图书典籍的资源库,这就是——图书馆。

康斯坦蒂诺斯·斯塔伊克斯

中译者序

在人类历史上，希腊是一段飘动的神话，这里曾是整个西方世界思考的中心。2016年，我来到希腊比雷埃夫斯的拉斯卡瑞德斯基金会（Laskaridas Foundation）做博士后，在博士后期间的一次关于柏拉图哲学的研讨会上，我跟希腊历史学家斯塔伊克斯（Konstantinos Sp. Staikos）先生相识，并有机会与他促膝长谈。斯塔伊克斯先生是希腊著名的历史学家，尤其在从古代到文艺复兴时期的图书馆演变和图书馆建筑研究方面，造诣颇深。翻译他的这本《柏拉图传统的证言》，是我的荣幸，也是我在希腊做博士后期间的一项重要学术成果。

第欧根尼·拉尔修说："日神把阿斯克勒普和柏拉图送给凡人，一个去挽救他们的灵魂，另一个去挽救他们的肉体。"[①] 柏拉图是古希腊伟大的哲学巨擘，也是西方世界最伟大的哲学家和思想家之一。柏拉图与其老师苏格拉底，以及他的学生亚里士多德，并称"希腊三贤"。柏拉图在雅典创办了著名的"柏拉图学园"，这是欧洲历史上第一所综合性学校，众多有志青年都慕名来这里学习深造，其中，最为我们所熟知的就是亚里士多德和斯彪西波。柏拉图写下的许多著作，特别是对话录，对后世产生了极大的影响。英国哲学家波普说："人们可

① 第欧根尼·拉尔修：《名哲言行录》，徐开来、溥林译，广西师范大学出版社2010年版，第163页。

以说西方的思想或者是柏拉图的，或者是反柏拉图的，可是在任何时候都不是非柏拉图的。”[①] 柏拉图的思想博大精深、绚丽多彩，影响深远，是古希腊古典文明的“黄昏”中展翅高飞的“猫头鹰”，是对古希腊文明的一种敏锐的回顾和系统的总结。即便黑格尔这样的大哲学家，在论及柏拉图的时候，也曾说：“哲学之作为科学是从柏拉图开始[而由亚里士多德完成的。他们比起所有别的哲学家来，应该可以叫做人类的导师]。”[②]

斯塔伊克斯先生的这本力作，主要对柏拉图学园的传承与发展，希腊化时期，柏拉图对话录的伪造、出版和传播过程，柏拉图对话录的阿拉伯文和拉丁文翻译及其影响，柏拉图对话录的解读和评注，柏拉图思想在各个时期（如中世纪和文艺复兴时期）和地区的命运及影响，柏拉图思想与宗教神学的关系，柏拉图思想传播中的阿拉伯因素等问题，进行了历史性阐释和开放性分析。我始终认为，柏拉图的思想是应该与这些历史阐明和开放性分析联系在一起的，它们也应该是柏拉图思想的一部分，如果剥离了这些因素，我们对柏拉图思想的研究就不能算是完整和清晰的。因此，从这个意义上来讲，斯塔伊克斯先生的这本著作，是对国际学术界“柏拉图学”研究的一项重要贡献！

感谢我清华大学的导师王晓朝教授，感谢我在希腊的博士后合作导师拉斯卡瑞德斯基（Mr. Laskaridas）先生，感谢北京工业大学丁云教授的鼎力支持，感谢中国民主法制出版社刘春雨、庞贺鑫两位编辑的热忱付出！

笔者以驽驾之才，妄从译事，错漏难免，还望方家指正！

刘　伟

2018 年 5 月 23 日于清华园照澜苑

① 汪子嵩等：《希腊哲学史》第 2 卷，人民出版社 1993 年版，第 596 页。

② [德]黑格尔：《哲学史讲演录》第 2 卷，贺麟、王太庆译，商务印书馆 1960 年版，第 151 页。

目录

CONTENTS

前　言

尽管我不是一个专业的哲学史学者，但是，这么多年来我所涉猎的基础性科学和语文学的知识，使我认为有必要写一本书，沿着这条路跨越不同认识领域，因为这种认识领域的界限性本来就不是被预先划定的。考虑到我个人能力有限，为了能够保证本书论述问题的权威性，我曾向别人寻求过帮助。非常感谢 Vasilis Kalfas 先生能够乐此不疲的在百忙之中抽出时间跟我讨论各种问题。这些问题涉及不同的方面，其中包括柏拉图和亚里士多德的哲学传统。同时，他还经常批判性地阅读我的写作材料，并给我提出需要进一步提高和改进的建议。与此同时，他给我的写作注入了一些新鲜的血液，这是刚开始写作时始料未及的。借此机会，我由衷地向 Vasilis Kalfas 先生表示我的感激之情。

无论如何，关于古代哲学家自传方面的一些书籍和材料，我自己所藏的图书是远远不够的。但是，我后来发现雅典大学图书馆（哲学书目部分）是一个好地方。在这里，我得到了 Maria Protopappa 的无私帮助，在此我也一并谢过。另外，还有雅典大学拉丁语文学系的 Giannis Deligiannis，感谢他在拉丁语摘录方面的编辑翻译工作。

学园[①]时代

对话录的“出版”与传播

【1】当柏拉图还在世的时候，极少有人知道关于对话录的再版与传播。柏拉图最长久的伙伴和门徒，来自锡拉库扎的赫谟多洛斯，最先以书籍的形式，出版和传播了其导师——柏拉图的对话录。这些对话录被传播到希腊世界的诸多地区，无论是在东部还是在西部，都广为流传，尤其是在西西里岛。暴君狄奥尼修斯一世和柏拉图的关系很好，因此，并不排除狄奥尼修斯一世在对话录传播中起到了关键作用。这个原因也同样适用于哲学家、数学家阿尔基塔，正是通过他，柏拉图与“新”毕泰戈拉学派成员相识。关于赫谟多洛斯的信息是由芝诺庇乌（公元前 2 世纪）提供的[②]，并且很明显，这些信息是基于其早期证言而获得的。西塞罗也留意到了这件事，甚至还对此做了评论。这些证言填补了没有受到限制的对话录出版过程，【2】这项工作是由学园的成员们所做的[③]。此事，柏拉图的另外两个学生帕奈提乌和欧

① Academy，在指涉柏拉图的 Academy 时，译为“学园”；在指涉其他 Academy 时，译为“学院”。本书英文版原采用边注和尾注的方式加注，中译本均改为脚注，中译者加的注释另行标明。——中译者注

② Zenobius V，6——原边注，以下不一一标明。

③ ad Att. XIII，21a

佛里翁也证实过。他们说，他们发现过《理想国》的多个版本，其导言部分有实质性的差别。(《理想国》的起始部分曾被多次修订与重写 εἰρήκασι πολάκις ἔστραμενην εὐρῆσθαι τὴ ἀρχὴν τῆς Πολιτείας)

除了导言部分，柏拉图的对话录中还有其他的一些文本被认为做过修改，比如在《泰阿泰德篇》中对“哲学生活”的描述和在《蒂迈欧篇》中对著名的“大西岛故事”的描述。[①] 尽管如此，在柏拉图在世的时候，对话录已经以书籍的形式发行和传播，这一点是确定无疑的。

其中，最使我们感兴趣的是，去探索这些对话录的出版机制问题。与此同时，这个过程也把我们引向另一个较大的问题，即关于对话录伪作的问题。事实上，很多对话录，在柏拉图的继任者那里，就已经被认为是伪作。

在学园的活动构架中，柏拉图本人也曾经讲述过出版机制的基本框架，这种机制并不是遵循苏格拉底似的阅读程序进行的。柏拉图认为在出版中，首先必须做到的是要使文本读起来朗朗上口，只有那样，作品才可以达到在市场上出版和传播的要求。同时，这些已经公开的柏拉图的观点和理论，【3】必须要经得起所有外行人的质疑。[②] 除了专门的解读者以外，我们对这种出版程序一无所知。然而，一本朗朗上口的作品，是应该能经得起柏拉图的阅读者批判的，这些阅读者既包括实用主义者、哲学家，也包括语言学家。从亚里士多德加入学园那天起，柏拉图就把解读经典的任务交给了他，而且只交给了他。[③]

这种出版过程不仅前所未有，而且还有另外一个参照：很明显，不是所有公开出版的对话录都被认为是完成了的，有些作品是仍然在创作过程中的。毕竟，像《泰阿泰德篇》那样，很多被认为是真实的对话录，其讨论都是以一种消极的结论结束的。[④]

---

① 172c-176c

② 232 d

③ Staikos, Plato, 15-18

④ 210 b-d

评论：在学园很长的运作过程中，柏拉图是采用辩证方式教学的，他还以认识论的标准，将其授课内容分成若干不同的主题和单元：逻辑学、伦理学，作为先在性知识的灵魂，艺术审美、勇猛和友谊的特质，以及修辞学、政治学和立法，这些都被非常详实地探讨过。柏拉图的最终目的是要绘制一条明晰的路径，通过这条路径，可以带领他的学生摒弃诡辩性的知识，从而获得真正的知识。【4】这些真正的知识会使他们过上德性的生活，使他们去认同和接近善。在这个意义上，柏拉图的对话录并不是一个哲学体系，而是一个走向幸福的处方，一套应该被所有人去追随的“规则’或“律令”，通过个体心智上的创作和经验性的表达，以及一种完全不需要监督的理想性的融洽状态，最终实现德性。

让我们回到出版程序，一般认为，当众朗读之后，抄写员会负责把最终的文本誊写到莎草纸上。所有的这些被誊写到莎草纸上的概念和理论，都必须是柏拉图以正式形式表述过的。最终，这个学术性的抄写版本，会被存放在学园图书馆，并且对每个对此有兴趣的学园成员开放。

有一个学术版的对话录吗？

亚里士多德比任何人都相信存在着一个学术版的对话录。他在其论著中也推测有一个标准文本，并且经常从这个对话录中引用固定的段落。与此相关的情况，主要在《论题篇》中涉及过①，这部论著是唯一一个具有所谓的内在一致性的文本，【5】并由亚里士多德本人出版。《论题篇》在范围较大的图书市场传播过，从希腊到亚历山大，以及托勒密王朝图书馆。我们不排除《论题篇》曾被西塞罗涉猎过的可能性，因为，他使用过一个限制性的语词 commentarios，他也曾

① hambruch，Topik

经拜访过卢库鲁斯图书馆。[①] 亚里士多德的《论题篇》主要是关于对词语的定义，以及正确术语和概念形成的过程的论著，这些定义、术语和概念在哲学学派中是被广泛接受的。从辩证法训练的角度来看，有些东西的确是他自己的发明。因为，在此之前并没有这样的传统（οὐδὲν ἔχομεν παραδεδομένον ὑπ \ἄλλων）。[②]

亚里士多德所引证的柏拉图对话录中的理论、语词以及短语等，都没有超出科学伦理学的范围。[③] “（亚里士多德承认）我的想法是找到一种方式，并借助这种方式，我们可以从现有的共识（假说）基础上，得出新的结论。这主要是辩证法的任务，同时，也应得到科学检验。”[④] 比如，亚里士多德在《论题篇》中批判了“形式因”，也驳斥了柏拉图的“理念论”。[⑤]

在第一部专著《论动物部分》（起初只是一篇关于论述科学方法问题的匿名作品）中，【6】针对柏拉图和斯彪西波的辩证法，以及在更普遍意义上，他们给予“知识”的定义，亚里士多德从知识论角度给予了全面性批判。[⑥] 亚里士多德认为，只有具备专门知识的人才可以看透问题的本质，仅仅接受过教育的人只有概括能力，他们不能通过表象认识问题的本质。

在语言学界，一个典型的例子就是，亚里士多德与塞诺克拉底关于“世界生成”（“γέγονεν”）的语言学争论。[⑦] 亚里士多德指出，按照柏拉图的观点，世界并不是本来就存在的，而是“被生成的”。但是，亚里士多德并不同意柏拉图这种观点，并用“γεννήθηκε”解释了他

① cic. de fin.，III，7

② Topics，VIII 5，159a 36

③ düring，Aristoteles，70-71

④ 147a 5-11

⑤ cherniss，Criticism，1-27

⑥ Topics，VI 14，151 b 19

⑦ Baudry，Origin

的观点。亚里士多德对“理念”（αἴδιος）的理解也与柏拉图不同。[①] 柏拉图给出的意思是“永恒的本质”，而亚里士多德却将其解释为“永恒”！然而，同一个词，之所以会被亚里士多德和柏拉图解释为不同的意思，可能会与这样一个事实有关联，即确实存在着一套语词，这套语词具有不同的固定含义，这些特性是语词被创造出来时就存在着的。关于语词的创造，在《克拉底鲁篇》中也有被提及过。[②]

这就说明，柏拉图和亚里士多德对同一个语词有不同“语义学”理解的原因：柏拉图探索的是其“字面”意思，【7】而亚里士多德则更愿意把一个语词看成一个专业术语。

关于柏拉图的理论，无论是他的支持意见还是反对意见，抑或是前苏格拉底哲学家和悲剧诗人的著作，对亚里士多德的批判基本上站不住脚，也没有什么理论依据，也并没有涉及已经出版了的柏拉图对话录的某一特殊章节。

另外，有一个事实也可以有力证明以上论点，那就是亚里士多德在教学用书边角处上对柏拉图理论观点的评注，这些评注并没有逻辑连贯性，换言之，这些材料是未经加工的原始材料！然而，如果亚里士多德对柏拉图对话录的注释和某些摘录之间如果不存在一致性，那么安德罗尼柯的工作就会变得毫无意义。因为在公元前1世纪，安德罗尼柯负责出版了亚里士多德的学术性专著。当然，还有一个观点认为，亚里士多德在学园学习的这段时期，他还并没有以主体分类的方式去整理区分柏拉图的研究成果。我们认为，这时亚里士多德已经拥有整部“柏拉图对话集”，并已精读和参阅过这部对话集。然而，确定的是，安德罗尼柯也拥有已出版的柏拉图的全部著作。

【8】评论：下面我们有必要谈谈，安德罗尼柯编译出版的亚里士

① düring，Aristoteles，216

② 389 a

多德全集，以及他所面对的语义学和认知上的困境。[①] 这里，我们不会去讨论这部著作的顺序和标题（这种方法也是他首创的，波非利认为，他把逻辑的部分放在了最重要的位置）。事实上，亚里士多德深奥的思想与公开出版的著作（所谓的开放性的著作或显白性著作）之间是有观点上的差异的。

另外，除了我们强调的著作内部之间的张力外，亚里士多德在表达其理论观点时所运用的语言风格已经完全不同于安德罗尼柯时期（公元前1世纪），因此，安德罗尼柯也必然有诸多理解不到位的地方。为了能够更深刻地理解亚里士多德的思想，就必须从认识论的角度，按照不同的主题对其作品进行分类和编排，这样，人们对亚里士多德著作的理解，就不会只是停留在其写作时所运用的语言方式上，而是上升到其哲学内涵上。但与此同时，我们也会遇见这样一个困境[②]，一方面，人们用不同的术语去表述柏拉图和亚里士多德具有同一性的理论；另一方面，安德罗尼柯在解释亚里士多德的思想和理论时所运用的术语和语词，已经与亚里士多德的著作出版时所运用的术语和语词，发生了根本性的变化。

“不要只执着于字面意思”

【9】事实上，我们还应该注意另外一个非常重要的问题，那就是语言文字性质意义上的差异。即使在今天，这种差异所造成的柏拉图和亚里士多德思想的冲突，仍然是一个非常重要的困扰因素。特别是当他们在运用相同术语指称同一概念和境况时所带来的这种冲突差异性。柏拉图并没有一套专业术语，他反对不了解语词的深层次含义而

① Littig，Andronikos

② düring，Aristoteles，245-253

只专注于语词的字面意思（τὸ μὴ σπουδάζειν ἐπὶ τοῖς ὀνόμασι）。[①] 因此，当描述理念、形式和可感知事物的关系时，摒弃书面语表达和口语式表达的差异，才不会构成障碍。

柏拉图对书面语表达的不充分性持怀疑态度，并且他还强调用语词和短语表达更深刻的含义和观点时的不充分性。在《斐德罗篇》中，柏拉图就很担心书写和阅读无法给学生带来真正的知识[②]，也就是亚里士多德所谓的"未成文学说"问题。对此，还有一些柏拉图的其他证言。从柏拉图的《第七封信》中，我们得知，他从来没有写过对哲学本质的最深刻性的思考。【10】通过分析，我们可以得出一个结论，在柏拉图看来，人并不能认识真理和善，甚至都无法用语言描述真理和善！

评论：综上所述，有人认为，某些"隐士"或者"修行者"，以及皮浪的门徒，可以通过他们的修行获得至善。但是，他们那种极端的生活态度并不能支撑起社会发展，也不能促进人类种族的进化和繁衍。

最后，从一定意义上讲，对雅典公众所做的著名演讲"论善"，以及在戏剧界所做的尖刻讽刺性的评论，能表达柏拉图的观点。普罗克洛在他的《对柏拉图〈蒂迈欧篇〉的评论》中，阐释过雅典人解读"大西岛的故事"和《理想国》父权制的观点。[③]

关于《蒂迈欧篇》

从古至今，在柏拉图对话录的传播过程中，《蒂迈欧篇》拥有最特殊、最卓越的地位。无论是在东方还是在西方，有诸多学者和知识分子将之视为典范，并对之做过翻译和评注。这也是《柏拉图神学》

① Statesman，261e

② 276 d

③ Aristoxenus，Harmon.，col. II，1

的开端。早在公元前 1 世纪，《蒂迈欧篇》是被翻译成其他语言的柏拉图的唯一著作。同时，《蒂迈欧篇》，【11】连同柏拉图主义者和新柏拉图主义者对它的注解和评注，也是意大利文艺复兴晚期之前唯一的宇宙哲学论著。这部对话录不仅讨论物理学和形而上学的问题，还讨论关于天文学、生物学、数学和人体主要器官的功能，以及感知表象，甚至神话的合理性等话题。我们会有这样的感觉：这是一部关于宇宙学的"学术性"著作，这部著作的理论观点建构在柏拉图和与柏拉图本人观点相似的学者基础之上，其中，这些学者包括腓力司逊、留基伯和欧多克索。在这里，我们可以引证瓦西里·卡尔法斯提出的观点加以评述。

评论：卡尔法斯曾经用希腊文出版过《蒂迈欧篇》，并配有解释性的文字和注释。他在其中写道："《蒂迈欧篇》能够从古至今流传下来，并且拥有如此之大的影响力，在哲学史上简直就是个奇迹。除此之外，没有任何一部柏拉图的对话录，甚至没有任何一部其他人的哲学著作，能够像这部著作一样被无数人阅读和评注过。"[①] 他继续说道："《蒂迈欧篇》是神秘主义者和数学家的避难所，是宇宙目的论者的宣言书，是古希腊思想和基督教的最紧密的契合点。"在研究过程中，我们将会尽力论证瓦西里·卡尔法斯的观点。

【12】柏拉图在学园任教的时候，亚里士多德就已经开始编纂柏拉图的著作，特别是按照主题编纂对话录。这些对话录在古市场上广为传播，这就是所谓的"开放性传播"。这些对话录的标题在第欧根尼·拉尔修的《名哲言行录》中都有记载，其中，还包括一篇名为《蒂迈欧篇和阿尔基塔作品摘录》的作品，这篇作品，辛普利丘也非常熟悉（《论天》：ὃς καὶ σύνοψιν ἢ ἐπιτομὴν τοῦ Τιμαίου γράφειν οὐκ ἀπηξίωσεν）。[②]《蒂迈欧篇和阿尔基塔作品摘录》是我们知道的对《蒂

① Kalfas, Timaeus, 32-33

② In de Caelo（CIA G, VII, 379.16）

迈欧篇》评注最早，也是最典型的作品。亚里士多德在其晦涩的著作中，曾经至少有 43 次提及过《蒂迈欧篇》，但是，他从来没有评论，甚至从未提及过这篇对话录的“导言”，即“大西岛的故事”。

这些笔记和评注说明，早在柏拉图在学园讲课的时期，就已经存在一个关于对话录的学术版本。更进一步讲，柏拉图对话录的“四联剧”在斯彪西波时期就已经传播开了。对此，我们在接下来还会提及。

作为文学体裁和哲学教学工具的对话录

在谈到学园中的出版机制时，有一个不容忽视的问题是，【13】柏拉图在表达自己的哲学观点和世界观时，是把“对话录”视作一种文学体裁的。[①] 柏拉图的对话录由两个部分组成：作为一种文学体裁的史前历史对话录和作为认识论知识的辩证法。

当然，柏拉图并不是苏格拉底式对话的创造者！根据一些未被证实的消息，第欧根尼·拉尔修把这种文学体裁的创新归功于普罗泰戈拉。另一方面，亚里士多德把这些特殊的对话录归类为《论诗术》，此外，他还提到了另外一些不知来自何处且完全没有名气的人。[②] 亚里士多德认为来自忒奥斯的阿历萨梅诺斯在苏格拉底之前就开始撰写关于哲学内容的对话录。这些信息或许是智者捏造的，亚里士多德都没有经过核对，就把这些信息传给了后人。从这些信息中我们得知，“苏格拉底式的对话”，来自雅典和苏格拉底领域之外的文学体裁。

对话录的一个共同特点是，两个人或者多个人之间交流对话，“读者”同时也是观众，但是，观众在这个过程中也起着积极作用。我们可以发现，柏拉图式的对话与阿里斯托芬的喜剧有诸多相似性。柏拉

① gundert，Dialog

② frag. 72 R

图对话中的人物与阿里斯托芬喜剧表演中的英雄是一致的：在雅典城邦中，兼具智慧和政治才能的人，就生活中一些事情进行辩驳。①

【14】无论怎么样，有智慧的人就不同领域选择以对话的形式探索真理的路径，不是向受众传达具体知识或者传授特殊技艺，而主要是引导他们从无知中觉醒。这种对话体裁，并不完全是苏格拉底创造的，肯定是来自更早时期有文化修养的人。此外，这种获取知识的方式，也不同于无所不知的智者。这里，我还想提一下柏拉图的舅舅克里底亚，他的诸多作品，如《格言》等，也是用对话体形式写作的，与苏格拉底式的对话体裁非常相像。在苏格拉底的学生中，第一个以"苏格拉底式对话"形式创作的，据说是来自斯弗托斯的古雅典政治家埃斯基涅斯，他曾经见证了对苏格拉底的审判。

历史上，埃斯基涅斯因受到其导师苏格拉底及其妻子克珊西帕所托，通过七篇对话的形式保存了苏格拉底的学说而得名。如果事实真是如此的话，那么他保存的这七篇对话，即《米尔提亚得》、《卡利亚篇》、《阿西俄库篇》、《阿丝帕希娅篇》、《阿尔基比亚德篇》、《犀牛》和《特劳格》（特劳格是毕达哥拉斯的儿子），就真切地反映了苏格拉底不同阶段的学说和思想。值得肯定的是，还有苏格拉底的另外一些学生以对话的形式编纂过一些著作，如来自麦加拉的欧几里德，还有，阿尔基比亚德斯、克力同和厄罗提卡斯等。②

柏拉图的对话带有一种很明显的夸张风格，这或许是受到其年轻时写作悲剧作品影响的原因。尽管也会涉及日常生活，【15】但是这些作品里，还是有柏拉图自己文学杂集和活泼有力的语言风格，这种风格是柏拉图自创的。

如果我们还记得，智者学派是以主题为标准划分知识门类来寻求真理的，那么，与此相对应，很有可能，柏拉图是出于教学的需要，

① Kalfas，Comedy

② Levi，Megara

才选择对话录作为教学方式的。另外，作出这种选择很有可能是基于另外一个事实，那就是这种对话录比任何其他形式都更加接近历史上雅典人的教育方式。智者们几乎在所有领域都对“正义”做了解释：语言的准确使用、争辩的技巧、博弈术、同根词、伊奥尼亚学派的哲学理论、关于诸神和不可知论主义真理，以及法律和正义等，这可以分别从他们著作的标题中得到证实:《论自然或不存在》(高尔吉亚),《论真理》和《论相反论证》(普罗泰戈拉),《论人的本质》(普罗狄克斯),《阿瑞奥帕吉提库》(达蒙),《论真理》(安提丰)。然而，柏拉图并没有按照他们既有的方式去继续下去，但是，作为一个原则，除了《理想国》和《法律篇》之外，柏拉图基本都会按照对话主人公的名字或者按照对话的场景给他的作品命名，比如,《会饮篇》。

迈向新学园

从阿斯卡隆的斯彪西波到安提奥库斯

【16】柏拉图去世之后（公元前 347 年），他的外甥斯彪西波被任命为学园的园长。根据第欧根尼·拉尔修的记载，正是从斯彪西波时期开始，亚里士多德把整个图书馆都买了下来。[①] 关于斯彪西波的作品，只有一些残篇被保存下来，但是通过一些间接渠道，我们得知，他倾向研究的方向主要是关于晚期毕泰戈拉主义的。[②] 在斯彪西波的学说中，他探索了人类思想的三分法，并且把哲学分成了物理学、逻辑学和伦理学三个部分。他反对柏拉图的理念论，注重数学知识的培育。在他生命的最后几年，斯彪西波把学园园长的职位给了赫拉克利德·庞提库斯。[③]

赫拉克利德非常多产，据说，他大约有 47 部著作，但是只有一些残篇留存了下来。[④] 我们知道，赫拉克利德的大部分著作是对话体的形式，并且影响了西塞罗的思想。【17】这里有必要提及一下他的作品《佐罗亚斯特》。这篇作品，据说是他结合东方智慧，用故事叙

① IV，5

② Dillon，Heirs，30-88

③ Diog. Laert. V，86

④ Voss，Heraclidis

述的形式创作而成的。

之后，塞诺克拉底（非雅典公民）在公元前338年接任了学园园长的职位，一直到公元前314年他去世为止。[①] 塞诺克拉底有许多著作，但是，他的情况与赫拉克利德一样，只有一些残篇遗留了下来。他反对前任园长的思想，强调自己的思想。[②] 他的关于"一和努斯"的观点，以及关于对"形式"的定义，对中期柏拉图主义和斯多葛主义具有很大影响。然而，无论是斯彪西波，还是塞诺克拉底，他们都没能在哲学的层面上推动学园的继续发展。在此之后，雅典人波勒蒙成为学园的首领。[③] 从公元前314年，一直到公元前267年他去世为止，波勒蒙一直以温和的态度著称。[④] 尽管如此，波勒蒙通过其学说所倡导的理念，即"按照自然的本性去生活"，被斯多葛主义者全部采用。

在波勒蒙去世之后的一段时期内，很可能来自锡拉的克拉特斯被任命为学园的领袖。但是，克拉特斯试图发展斯彪西波在学园中的学说，并且他按照主题把对话录划分为：物理学、逻辑学和伦理学。[⑤]

之后，来自索里的克冉托尔（前334年—前275年）在学园中占据着特殊的地位，尽管他可能并没有实际掌管过学园。[⑥] 按照普罗克洛的记载，克冉托尔是在柏拉图去世之后学园中第一个系统地为《蒂迈欧篇》做注解的人。[⑦]【18】克冉托尔对这篇特殊的对话录所做的注解，开创了东西方为柏拉图对话录做注解的传统。克冉托尔是所谓的"注释解读文体"的创始人，他的作品《论伤痛》影响了西塞罗。[⑧] 或许，也是通过克冉托尔的作品，罗马人才开始将《蒂迈欧篇》翻译成了拉

---

① Diog. Laert. IV, 6-15

② Dillon, Heirs, 89-155

③ Diog. Laert. IV, 16-20

④ Dillon, Heirs, 156-177

⑤ Diog. Laert. IV, 21

⑥ Diog. Laert. IV, 24

⑦ Kayser, Crantore

⑧ Dillon, Heirs, 216-231

丁语。

从大约公元前265年开始，克冉托尔的学生，来自庇塔涅的阿凯西拉，成为学园的园长。[①] 阿凯西拉使柏拉图的学说在学园得以重新复兴，而且十分重视苏格拉底的“辩证法”。根据第欧根尼·拉尔修的记载，按照古代的分期方式 [②]，正是阿凯西拉开启了“新学园派”或“中期学园派”的分界。阿凯西拉的学说是口述式的，完全与苏格拉底的风格一致。阿凯西拉质疑人们建立在感觉感官之上的某一问题所获得的肯定答案，就这一点而言，他受到了来自埃利斯的怀疑主义者皮浪的影响。然而，阿凯西拉还是非常忠诚于柏拉图的理论的，据说，他拥有柏拉图的全部著作。到阿凯西拉去世为止，他一直执掌着学园园长的职位。在他去世之后，园长一职被拉昔德斯接任。[③]

拉昔德斯出生于昔勒尼，之后，被他的老师带到了学园。[④] 据传，他有许多的学生和听众。公元前215年，【19】拉昔德斯辞去学园园长的职位，主动禅让给了来自福切斯的两位不知名的哲学家铁列克莱司和埃万德。由于拉昔德斯的仆人在他没有发觉的情况下洗劫了他，因此，拉昔德斯开始认为感觉是不可靠的。拉昔德斯在执掌学园期间，还有一件事特别出名，那就是，不知道什么缘由，他停止了在学园原有屋舍场地办学，把学园迁到了一个“花园”里，在这个“花园”里继续从事教学活动。这个“花园”的布置结构，也就是大家众所周知的拉居德乌式构造，并且得到了阿塔路斯·索特尔一世的支持。

我们几乎对铁列克莱司和埃万德一无所知，没有任何记录铁列克莱司的信息。但是，对于埃万德，尽管他也没有留下任何作品，但是我们知道他是新学园派怀疑主义的倡导者。也就是说，他在折中方式的基础之上，结合了柏拉图、亚里士多德和芝诺（他们分别是柏拉图

① Diog. Laert. IV，28

② IV，28

③ Diog. Laert. IV，33

④ Diog. Laert. IV，59

学园、吕克昂学园和斯多亚派的代表人物）的学说。埃万德比铁列克莱司活得时间要长，之后，他把学园的权力交给了来自帕加马的赫格西努斯，他也是卡尔涅亚得的老师。

卡尔涅亚得来自昔勒尼，他出生于公元前 214 年，从公元前 155 年一直到公元前 137 年，他接任其老师的位置，执掌学园。[①] 卡尔涅亚得引发了雅典各哲学学派之间的争论。在罗马，因其哲学主张而颇受称道，他以所谓的"哲学大使"的身份在罗马与人们展开争论，并且篡夺了学园领袖的职位，一直到公元前 129/8 年他去世为止。卡尔涅亚得没有留下任何作品，但是，我们知道，他以分类的方式教学。他认为在寻求真理时，并不存在任何合理的标准，同时，他告诫学生要尽量避免对事物作出任何判断。为了贯彻怀疑论的没有什么可以被确认的思想（连没有什么可以被确认这条也无法确认），他猛烈地攻击其他学派的观点。

克利托玛库是卡尔涅亚得的学生，【20】他在公元前 129 年接管了学园，一直到公元前 110 年去世为止。[②] 克利托玛库在学园的历史上代表了一种特殊的现象。他是迦太基人，真正的名字叫哈斯德鲁巴，于公元前 163 年到达雅典。因此，实际上，这一时期，是一个迦太基人掌管了雅典学园！与他的老师形成鲜明的对比，克利托玛库是一位非常多产的人。根据《苏达辞书》记载，他大约有 400 部著作，其中，很多是他献给领事卢西乌斯·肯索里努斯（公元前 149 年）和诗人鲁基里乌斯的。克利托玛库的全部作品被整理为以《论诸神》命名的著作，这部著作西塞罗和塞克斯都·恩披里柯都曾经阅读过。

公元前 2 世纪到 1 世纪的转折时期，克利托玛库的学生——拉里萨的斐洛，试图通过反对斯多葛主义并复兴辩论术 [③]，以此来调和旧

① Gigon，NeuenDiog. Laert. IV，62

② Diog. Laert. IV，67

③ Schmekel，Philosophie

学园和新学园之间的关系，并复兴柏拉图的思想。但是，却遭到了他的学生阿斯卡隆的安提奥库斯的强力反对。安提奥库斯主张边缘化神秘主义和已经融入学园学术中的常规方式。[①] 也正因为以上这些缘由，斐洛于公元前 88 年辞去了学园领袖的职务。这次争论最终导致了“旧学园”，即所谓的“第五阶段学园”的重新复兴。然而，尽管安提奥库斯想使学园的学术回到纯正的柏拉图主义，但事实上，他已经开启了新柏拉图主义的大门。安提奥库斯融合了各种各样的元素，如柏拉图主义的理论、亚里士多德的理论和斯多葛主义的理论，同时，这些理论又被他在雅典的学生西塞罗（大约前 79 年—前 78 年是他的学生）得以推崇和多次强调。【21】公元前 73 年，第二次米特拉达梯战争期间，他从军投到卢库鲁斯的帐下，去了东方，约公元前 68 年，他在美索不达米亚去世。

卢基乌斯·科尔内利乌斯·苏拉军团对雅典的攻占，以及包围比雷埃夫斯之后的一些事件，使得他们为了攻占城池制造作战用的攻城槌，砍伐了学园周边的所有树木。同时，他们还损毁了很多雅典的纪念碑、文物和建筑，其中，也包括雅典学园里留下来的许多房屋建筑。[②] 此外，因为腓力五世军队的掠杀，所有的哲学学派和学园外的各种纪念碑也遭到了极大毁灭。西塞罗后来在他的著作《善恶之尽》导言中这样诉说：当漫步于学园这片区域的时候，就像走在废墟之中。

各哲学派别的“花园”

除了斯多葛学派，在前基督教时代，雅典的哲学学派大部分与这个“花园”有交集。这种传统始于公元前 6 世纪克罗通的毕泰戈拉时期。众所周知，毕泰戈拉的学生，以及他的信徒们都过着一种公共生

---

① Luck，Antiochus

② Papachatzis，Com. on Paus. Att. 298-301

活，柏拉图称他们为“毕泰戈拉式生活”。根据毕泰戈拉学派留下来的遗训，他们也提到了素食生活、适体着装和共同拥有财产，【22】正如他们的格言：“朋友的东西就应该拿出来分享”。按照传统的说法，毕泰戈拉主义在发展到某个时期后便分成两个独立的学派，分别为“数学家”（希腊语：Μαθηματικοι，意为学习者）和“声闻家”（希腊语：Ακουσματικοι，意为聆听者）。声闻家非常看重在礼节性的教义和教学中自然环境。因此，“毕泰戈拉式生活”只不过是一个大的开放式的花园学派。[①] 根据毕泰戈拉的理论，与自然的和谐相处，具有很重要的意义。柏拉图深深地受到了毕泰戈拉的影响，他最初在学园中教学，之后，退休后他到达科洛努斯的“花园”，在这里，他完成了《法律篇》。[②] 根据古希腊雅典历史学家斐洛考鲁斯记载，亚里士多德在柏拉图去世（公元前 347 年）以后就离开了雅典，之后他来到希腊的阿塔内斯，在这里，他与他的朋友们一起探讨哲学（εἰς ἕνα περίπατον συνιόντες），继续从事他的哲学事业。[③]

泰奥弗拉斯托斯接替了亚里士多德的吕克昂学园（公元前 332 年之前）。吕克昂学园的设施有很多，配有视觉教具和各种仪器，如地球仪、地图册等的教室。这里的学生过着一种公共的生活。[④] 但是，后来泰奥弗拉斯托斯创建了自己的“花园”。“花园”中配有柱廊和房子。[⑤] 事实上，我们知道，在他后来的遗嘱中，他把花园以及花园中的柱廊保养和维护的任务交给了波姆皮卢。

前面我们已经提到过，拉昔德斯从阿凯西拉手中接任了学园园长的职位。公元前 240 年，阿凯西拉退居来到了这个“花园”，在这里他继续从事教学工作。这里我们还要提一下伊壁鸠鲁的“花园”。这

① Republic，600 a-b
② Diog. Laert. III，5，37
③ Düring，Biogr. 276
④ Diog. Laert. V，54
⑤ Diog. Laert. X，17

个“花园”安置在狄甫隆之外的一个大空地上。【23】在这里，他与柏拉图学园和吕克昂学园展开竞争。伊壁鸠鲁招收了很多学生，这些学生被称为“花园哲学家”。因此，在古代的哲学团体中，“花园”就代表哲学的含义。

事实上，“花园”在这里是有象征意味的。在花园里，植物复苏又凋谢，就像人出生又死亡，我们可以去寻找一下它的原型。据我所知，与此相关的是掌管植物每年死而复生的神——神秘的阿多尼斯的传统和他的祭仪。为了向阿多尼斯不合时宜的死去表示怀念和尊敬，女神阿佛洛狄忒创建了一个习俗，即每年春天，叙利亚的妇女们都会纪念阿多尼斯。[①] 他们在花盆里种上种子，并且在上面洒上温暖的水，这样它们就会发芽更快些。但是，他们知道，发芽后，很快就会枯萎，这些植物被称为“阿多尼斯花园”。柏拉图在《斐德罗篇》也提到了这种祭仪的方式，用这种象征性的方式怀念阿多尼斯的英年早逝：“在最炎热的夏天，在阿多尼斯花园将它们种上，你将会高兴地发现在八天之后它们将会发芽。”[②]

关于这件事，我们不再做评论，更不会将“花园”的主题与毕泰戈拉学派的生命循环和生命起源的形而上学理论联系起来。我们在这里只是指出了“学园”的另外一面，即它的起源与波斯人有关系。从此，希腊人开始采用“天堂”这个词语（在塞诺克拉底的《长征记》中第一次出现，表示一个被封闭起来的空间）。【24】我们还应该记住米利都的建筑师、雕刻师，以及那些石匠，是他们承担了帕萨尔加德、苏萨和波斯波利斯纪念碑建设的任务，因此，他们比较了解那个封闭起来的具有深厚意味的天堂——“学园”。事实上，这些人或许是在米利都的哲学学派中第一批建立“花园”的人。

① Grimal，Dictionnaire

② 276 b

亚里士多德与柏拉图学园园长赫亚克旦德

很自然的，我们会想到亚里士多德与学园其他掌管者，即柏拉图的继承者之间的关系。这段时间大体是从亚里士多德返回雅典，到其自我放逐（公元前 335 年，也是在同一年，亚历山大毁掉了底比斯），然后在吕克昂学园从事教学工作，直到他于公元前 322 年春天，退休回到卡尔基斯。在那些岁月中，除了斯彪西波和塞诺克拉底以外，赫拉克利德·庞提库斯在学园做领袖的时间也不是很长。亚里士多德与这些哲学家的关系不是很好，他不断抨击其他哲学家的理论和训令，与此同时，也在不断地宣讲柏拉图和他自己的理论。

之后，在《分析篇》这部著作的末尾部分，亚里士多德与斯彪西波展开辩论，批评他所遵循的柏拉图的理论，【25】并且秉持个人知识应该建构在现实整体知识基础之上的观点。这就意味着，所有的知识都是单一的和独一无二的。斯彪西波不是一个简单的人，他反对享乐主义，反对任何学园成员表达的所谓的快乐。[①] 他还不止一次激怒亚里士多德，亚里士多德也曾不止一次地批判斯彪西波。比如，亚里士多德曾以人类幸福的预设驳斥过斯彪西波建构在宇宙论基础上的理论。根据这种理论，亚里士多德认为宇宙并不是一个整体，而是由各部分连接起来的，像一场糟糕的悲剧中出现的情节。[②]

斯彪西波去世（大约在公元前 339 年）之前，他的学生赫拉克利德·庞提库斯掌管了学园一段时间。赫拉克利德以对话的形式写了许多著作，其中，在《诗学和诗人》中，他批判了柏拉图的对话《论诗人》，这部作品现在已经遗失了。[③] 在这篇对话中，来自斯塔吉拉的哲

① Arist. Nic. Eth.，1152 b 15

② Ny，3，1090b 19

③ Diog. Laert. V，88

学家，分析了诗人的特征，以及他们的创作素质，同时，他还分析了在何种意义上，一个人可以允许谈及诗人的‘κακία’和‘ἀρετὴ’。

塞诺克拉底是斯彪西波的学园继承人，亚里士多德对他很轻蔑！[①] 塞诺克拉底带有浓郁的毕泰戈拉学派的色彩。他认为神是自我运动的数，遍入万有，并认为奇数是父神，主宰天堂，偶数是母神，主宰大地。

根据斯彪西波的观点，【26】他只接受数字的数学含义，在他看来，这是一种单独的存在。塞诺克拉底把理想中的数字等同于数学数字。但是，亚里士多德认为，这是一种二次误导。[②] 事实上，数学数字是不能以这种方式存在的，因此，塞诺克拉底一方面虚构了很多假说，另一方面，他又与哲学家的理论保持一致。这里，所谓的哲学家就是柏拉图。亚里士多德反对塞诺克拉底与斯彪西波的数学理论，他认为，“哲学对现代思想家来讲，已经变成了数学，尽管他们声称，人们研究数学只是达到某种目的的工具”。（γέγονε τὰ μαθήματα τοῖς νῦν ἡ φιλοσοφία）[③]

柏拉图与逍遥学派

早在亚里士多德和他的继承者们执掌吕克昂学园时期，关于柏拉图对话中的很多理论观念，特别是围绕《蒂迈欧篇》，他们之间产生了很大的分歧。亚里士多德在他出版的《蒂迈欧篇和阿尔基塔作品摘录》（Τὰ ἐκ τοῦ Τίμαιου）中，批判了《蒂迈欧篇》中的某些章节。[④] 亚里士多德认为，《蒂迈欧篇》中所记载的关于创世的概念是完全错误的。但是，尽管如此，柏拉图主义者与逍遥派之间并不存在裂痕。

---

① ross，Theory，152

② Düring，Aristoteles，142

③ A lpha，992a 32

④ Diog. Laert. V，25

【27】同时，柏拉图的学生提出要隐喻性地解读《蒂迈欧篇》：柏拉图并不是在描绘真实的创世图景，而只是在假说，就像亚里士多德所说的，可见的世界依赖于外生性的源泉。之后，亚里士多德通过柏拉图的学生，也了解到了用隐喻性的方式阅读柏拉图理论的方式。具体地讲，用隐喻性的方式解读柏拉图传统是由斯彪西波首先开创的，之后，塞诺克拉底也遵循这种方式。根据古罗马历史学家普鲁塔克的记载，很多人赞成用隐喻性的方式解读《蒂迈欧篇》。

塞奥弗拉斯特是亚里士多德在吕克昂学园中的继承者，他的态度看起来更加温和。在《贝利图斯的陶鲁斯》中，塞奥弗拉斯特称："根据柏拉图的理论，宇宙是在棱镜下创造出来的。"在解读柏拉图的《蒂迈欧篇》时，亚里士多德的支持者和他们学派的成员并没有划清界限，诸多解读同时都存在着，这也塑造了解读者们解读这部著作的哲学传统。其中，克冉托尔被认为是第一个解读《蒂迈欧篇》的人。克冉托尔不但根据自己的观点解读和评注了《蒂迈欧篇》，而且他也汇集了诸多不同解读者的评注（οἱ δὲ περὶ Κράντορα τοῦ Πλάτωνος ἐξηγηταί）。①

就是在这样的浓厚的哲学氛围中，这两个哲学学派创立了。【28】塞奥弗拉斯特利用《蒂迈欧篇》反驳斯多葛学派关于创世和起源的理论。亚里士多德的学生，也是柏拉图的追随者，来自索里的克利尔库斯创作了一部名为《赞美柏拉图》的著作，并且写了很多关于《理想国》和《蒂迈欧篇》的评注。来自阿佛洛狄西亚的阿德拉斯托斯，是一个逍遥主义者，据说，他也写过很多关于《蒂迈欧篇》的评注，还专门评注过这部著作中的关于天文学、音乐和几何学的部分。

从这些评论和注解中，我们可以很清楚地看到，在何种意义上《蒂迈欧篇》被学园中柏拉图的直接继任者和吕克昂学园中逍遥学派

① Frag. 2

的学者们看成是《旧约》中《创世记》对应篇章。同时，我们也可以很清楚地看到，在这部著作中，关于人的本质和创世的话题缘何成为人们热衷讨论的焦点。

希腊化时代

世界性的图书馆组织

【29】亚历山大大帝提出了一个伟大构想，即要建造一个图书馆，将每个国家的全部经典典籍翻译成希腊语，存放在这个图书馆中。[①]这项工程非常浩大，也非常重要，但是，今天遗留下来的关于这个图书馆的资料却寥寥无几。在这个综合性的伟大建筑中，配有标准的大厅和存放收藏品的辅助空间。推动亚历山大的想法成为现实的是亚里士多德的继承人，也就是后来吕克昂学园的继任者。但是，无论托勒密一世怎么吁请，学园中始终没有人愿意去做图书馆的馆长。[②]塞奥弗拉斯特拒绝了王室的提议，并与自己的2000多名学生继续留在学园回廊学习。之后，他的继任者，来自兰萨库斯的斯特拉顿去了亚历山大里亚，但是，他仅仅做了托勒密二世的私人教师，除此之外，并没有做其他事情。[③]【30】因此，托勒密三朝将图书馆的管理委托给了德美特利。德美特利是吕克昂学园的核心成员，在亚历山大里亚过着自我流放的生活。[④]德美特利至少有45部著作，他曾受到过政敌的猛

① Staikos, Library I, 157 ff

② Staikos, Library I, 119-121

③ Diog. Laert. V, 58

④ Staikos, Library I, 168-173

烈抨击，但西塞罗对他赞赏有加。

从公元前 3 世纪中期开始的创建世界性图书馆的倡议，彻底改变了地中海世界图书出版和文化传播的面貌。托勒密王朝利用皇室的特权垄断了整个埃及的莎草纸生产，因此，他们也绝对控制了纸莎草书籍。在这种收藏书籍的良好氛围下，也出版过大批的书籍。

书稿抄写活动

正是在这一时期，人们产生了编纂书籍复制品的想法。在建设世界性图书馆大背景下，图书馆在书稿抄写方面获得了无限的资金支持，但是，遗憾的是，他们并没有足够的时间来核实这些书稿抄写的正确性和真实性。

评论：关于书稿抄写活动，这里我们可以提出几个问题：书稿抄写活动是从什么时候开始的？究竟是基于什么缘由或者是出于一种什么样的目的，这项活动才开始的？抄写这些或知名或不知名的人的书稿，是否是知识分子想以此来博取名声，赢得荣誉？

【31】无论如何，抄写书稿的活动是在托勒密王朝时期培育发展起来的。有人认为是因为托勒密二世和托勒密三世一时兴起才购买的这些书，至于这件事的真伪，我们无从辨识。但无论如何，早在公元前 2 世纪，这种所谓的抄书活动就已经是一种很普遍的现象了。当时帕加马的国王——欧美尼斯二世决定与亚历山大图书馆展开竞争，在这样的情况下，他们才努力获取一些稀有的图书。

来自亚历山大里亚的狄狄姆斯（公元前 1 世纪）在对修昔底德的评注中指出，雅典的历史学家克拉提普曾经写过一部关于历史文献学的著作。[①] 在这部著作中，他记录了修昔底德向他透露的所有事情，以及不包含在《历史》中的内容。然而，研究过修昔底德和其

① Staikos, Library I, 196-198

他历史学家作品的狄狄姆斯，却把克拉提普称为只是一个“满嘴空话”的人。

奥林比奥道罗斯指出了在托勒密时代抄写书籍的具体原因和方式:“因此，抄写书稿的活动很早就已经开始了……其中的原因，或许是多方面的，或者是国王们想拥有专门著作的抱负，或者是因为学生们想以此讨好老师的想法，又或者是这些著作都被归到了同名作者的身上的原因。”① 抄写书稿活动在托勒密王朝已经并不是什么新鲜事。早在雅典僭主庇西特拉图时代，【32】他就对《荷马史诗》很痴迷，因此，很多狡猾的人利用他喜欢收藏经典著作和典籍这一爱好，向他兜售仿制品。利比亚国王也是这种情况，他还接收了许多毕泰戈拉学派的书籍和其他著作的仿制品。

公元130年，出生于帕加马的伽伦曾详述过关于书稿抄写活动的一些比较典型的故事。人们盗用保藏在雅典卫城档案馆中伟大悲剧诗人的真迹，这些历史真迹（从公元前300年，莱喀古斯时代时起）在雅典是具有里程碑意义的。② 在亚历山大里亚的市场上，这些书稿的价值主要取决于其对原作品的仿真程度。伽伦还说，伪造者为了获得利益，他们会创造一些伪作，然后交给托勒密王室。或者假借原作者之名来仿造真品，更有甚者，有人会完全凭借他们自己的想象力捏造一些作品。这些作品是用极为高超的技艺创作的，同时，真假作品往往交织混杂在一起，因此，分辨者必须要具备扎实的专业知识和花费很长时间，才能辨识出真伪。之后的诸多学者，如约翰·菲洛波努，也曾对此做过类似评论。

① Prolegomena（CIA G，XII，1）

② On HumanNature Commentary of Hip ocratessecond，XV，105

图书馆规范:《图书目录》

【33】尽管这些重要图书馆，无论是私立的，还是学院的图书馆，都是在希腊化世界形成的，然而除了《图书目录》以外，关于他们的图书分类体系和图书存储方式，我们一无所知。我们只有关于亚历山大图书馆的图书分类信息，以及可以与之相提并论的帕加马博物馆的信息。①

卡利马库斯号召把汇集在亚历山大图书馆中浩如烟海的书籍进行整理和分类。卡利马库斯出生于公元前 4 世纪末至 3 世纪初的希腊殖民地——昔勒尼。他在托勒密王朝的图书馆，以希腊文学专家和文献学专家的身份，致力于希腊文学的研究。② 这一时期，来自以弗所的泽诺多托斯管理着图书馆，不过，他仅仅有馆长的头衔，卡利马库斯才是亚历山大图书馆的真正负责人。为了对图书馆中浩如烟海的手稿进行整理，卡利马库斯将所有莎草纸上的作品进行分类，并且按照年代和字母顺序排列。

评论：卡利马库斯所采用的图书分类方式在东方并不新奇，因为在汉谟拉比（前 1792—前 1750 年）所统治下的巴比伦皇家档案图书馆，早已出现过类似的分类方式。【34】汉谟拉比把苏美尔人和阿卡德人的各小国统一成为一个帝国。汉谟拉比很注重一些中心地区，

① 除了卡利马库斯的《图书目录》，以及厄拉托斯塞尼相对应的作品，还有许多关于藏书和图书馆的研究，但是这些作品都没有流传下来。例如，我们都知道来自卡桑德里亚的阿特蒙，他是一位公元前 2 世纪或前 1 世纪活跃于帕加马的学者，只创作关于“书籍”方面的作品，如:《论书籍的收集》、《论书籍的使用》以及其他作品（阿塞奈乌斯，《智者之宴》）。实际上，阿特蒙的作品可能构成了瓦罗《图书馆》的基础（大约在公元前 1 世纪）。——原尾注 2

② Pfeiffer，CallimachusStaikos，LibraryI，184-188

如西巴尔等地的文化传统，因为他们也拥有非常优秀的图书馆。[①]

尽管在底格里斯河和幼发拉底河流域，他们是用泥板做“书”来记录文明的，但是，他们的图书分类系统已经非常完善。[②] 比如，许多用泥板做的著作是用细绳连接到一起的，如果泥板的边角上没有编号或者其他显眼的标记来分清顺序的话，抄写员就会在每片泥板上添加一个“尾属”，也就是说，在每一页或每一章的末尾加一个标题或者“页码”，以此来标记顺序。[③]《吉尔伽美史诗》中，在描写洪水的第十一块泥板的“尾属”上写道：“他看见了所有的事情，第一块泥板。”前半句“他看见了所有的事情”是这一篇的标题。[④] 为了确保读者阅读的连贯性，他们经常把前一块泥板的第一句话拿来作为标题。不过，除了这种图书分类法以外，还有一些目录分类法，这种分类法并不是按照标题和字母顺序分类，而是由每篇作品开头的两到三个词编录分类的。

除了这种与东方相似的图书分类方式之外[⑤]，卡利马库斯还有两个目录：《目录》和《图书目录》。这两个册子也代表了当时编纂过的

① Jean，Babyloniens. 苏美尔人是在公元前4000年后期居住在幼发拉底河畔的一个定居民族，他们的生活秩序井然，安排有序。从苏美尔人时代起，朝臣和思想家们就开始在黏土片上篆刻法令、“律法”条款和具有文学价值的著作。虽然已经发现了许多苏美尔人所记载的材料，但是，从公元前3000年左右，对于他们“图书馆”的组织方式，我们才开始慢慢地了解。他们将所有资料按照两个单元主题分类：一个是可能会对未来有所帮助的档案材料，另一个则是所有与经济管理有关的登记材料。如此精细的分类，可以使得档案室的管理人员十分容易地查找到每项资料的位置和黏土片上的内容。在拉格什和尼普尔等城市中，就发现了这种类型的档案资料。见N. Schneider的“Die Unkumdenbech?lter von Ur III und ihre archivalische Systematik”，《东方史料》(*Orientalia*)(1940)，6-16，以及G. Goosens的“Introduction à l’archive économie de l’Asie Antérieure”，《*Revue d A’ssyriologie*》，46(1952)，98-107。——原尾注2

② Weitemeyer，Archive andLibrary

③ Posner，Archives

④ Staikos，The Great Libraries，10-14

⑤ Suda，“Callimachus”

最全面的图书分类目录。[1]【35】关于《目录》的信息我们知之甚少，我们只知道它已经涵盖了“知识的全部学科”(πάσαν παιδείαν)。它按照主题分成了九个单元：修辞学、法学、立法、杂录、史诗、抒情诗、戏剧、哲学和历史。此外，他还依照作者姓氏的字母顺序为标准来编排目录，并附加了作者的生平介绍和对作品的评注。除了图书分类之外，卡利马库斯还在每部作品、每一章的标题处添加了介绍这部作品的一段话作为开端语，并在每一页、每一行后面加注了编码。

还有一个《人物表格录》，把人们区分为有不同学科背景的人。这些册子共有120多本，是《目录》的一个简写版。这些册子，除了包含“标题页”、作者的姓名、著作的标题，以及各分册的页码外，还包含一个简短的传记说明。另外，还有一个更小的莎草纸册子，它们的长度是由每部书自身内容的多少决定的。这个小册子附在每部著作的第一本书中，将之作为标注或标签。卡利马库斯的意图很明显，他想用这种方式保证所有的书籍不会在目录上遗漏，即便是烹饪用书也是如此。

如果说他的学生赫米普斯有什么贡献的话，那么卡利马库斯的《图书目录》实际上已经为赫米普斯写作《传记》和《继承者》做好了准备性工作。[2] 无论如何，作为文学体裁的《传记》，在亚历山大里亚很流行，同时，【36】卡利马库斯的《目录》和《图书目录》也成为后人写作自传体作品的不竭源泉。

然而，这里使我们感兴趣的是，要整理现有的信息和资料，以绘制柏拉图对话怎样迈向与何时迈向亚历山大图书馆的历程。

相传，公元前286年，泰奥弗拉斯托斯把亚里士多德的一些著作连同自己的私人书店都遗赠给了涅琉斯。[3] 关于这一部分的记载是：涅

① Schmidt, Pinakes
② Moraux, Listes, 221-233
③ Strabo, XIII, c 608-609

琉斯对于自己没有被选为学园园长很恼怒，于是带着学园的藏书回到了他的故乡斯塞珀西斯。亚里士多德私人图书馆的资料库不仅包括通俗易懂和晦涩深奥的作品，还有很多前苏格拉底哲学家的作品、智者的抨击性著作、斯彪西波收集的藏书[①]。此外，可能还包括我们所知道的柏拉图所有的对话录以及《法律篇》。涅琉斯把他藏书的绝大部分售卖或者捐赠给了亚历山大图书馆，自己只保留了亚里士多德的一部分深奥难懂的作品（除了《论题篇》）。准确地讲，这些事情都发生在卡利马库斯在亚历山大图书馆时期（前280—245年）。[②]【37】事实上，卡利马库斯是第一个以四联剧的分类方式区分柏拉图对话录的人。据传，这种分类的方式还要追溯到柏拉图时期。

如果我们接受这种说法，也就是说，以伪造为特征的对话录从柏拉图在世或者刚刚去世时就已经开始流传，那么这种四联剧的分类方式，并没有循规蹈矩。[③] 第一个四联剧的共同特征是关于审判苏格拉底的，包括：《欧伊梯孚容篇》《申辩篇》《克力同篇》《斐多篇》。第二个四联剧并没有内在一致性，因为《政治家篇》和《智者篇》都是普通主题的对话录，《克拉底鲁篇》论述的是语言的使用和功能，《泰阿泰德篇》论述的是典型的数学问题。第九个四联剧是以一篇伪作《弥诺斯篇》开始的，另外，还有《法律篇》《伊庇诺米篇》《书信集》，同样，这些内容之间也是没有一条统一的主线的。

据我所知，在古希腊世界里，哲学家们对话形式的著作是从来没有以三联剧或四联剧的形式分类的。如赖尔所言，柏拉图对话的这种分类方式可能源于其作品演出的需要。在重要的节假日期间，柏拉图的对话会在舞台上演出，比如奥林匹亚盛会。[④] 然而，我们不排除从斯彪西波时起，柏拉图的对话被录入在学园或者其他学校课程里的可

① Staikos，Library I，112-115

② Düring，Aristoteles，385-399

③ Diog. Laert. III，58-60

④ Ryle，Progress

能性。正像后来士每拿的希恩指出的，【38】这种三联剧和四联剧的分类方式，是为了便于人们的阅读、学习和研究。公元前5世纪的前几十年，一些固定的三联剧或四联剧的剧目就已经在剧院上演[①]，在庆祝"大酒神节"期间，三联剧的戏剧每天都会演出。

第欧根尼·拉尔修在谈及四联剧形式的对话录时，第一次提出，这种分类方式借用了"悲剧四联剧"的分类方式。[②] 我们的结论是，被第欧根尼·拉尔修确认为是真作的56篇对话录中，今天至少有7篇被视为伪造的，如《塞亚革斯篇》、《阿尔基比亚德前篇》和《阿尔基比亚德后篇》、《弥诺斯篇》、《阿西俄库篇》等。

然而，按照现存的最早柏拉图文集（这是公元90年为阿里萨斯写的），第欧根尼·拉尔修做的对话录的顺序，也是与拜占庭时期一致的。

"伪造的"对话录

我们现在来谈谈对话录伪作的话题，其中，部分伪作第一次囊括进了卡利马库斯所编纂的四联剧里。

然而，这些柏拉图的伪作代表着什么？这些伪作是在柏拉图去世后的几年，抄书活动留下来的吗？【39】这些伪作是否是按照学园上课的内容所作的？这些内容有没有被学园正式出版过？

这些伪造的对话录是否也应该被分成两个子门类：一部分是在语言和意识形态上与原作有较大类似性的作品；另一部分是带有明显伪造柏拉图作品的意图，但实际上只是希腊化时代，柏拉图学园学生的作业。事实上，这种区分，在目前还没有达成一致。

首先，应该指出的是，亚里士多德和西塞罗都没有提及柏拉图对

① Hiller，Theonis

② III，56

话录的伪作问题。至少在安德罗尼柯所编辑的亚里士多德著作里并没有提及，或者是已经直接被他删除掉了。当然，不排除亚里士多德只认可那些通过在学园中当众阅读的作品为真作。

因此，从什么标准看，柏拉图的对话录被视为伪作？首先，我们应该注意到第欧根尼·拉尔修谈及这些事情的论述：νοθεύονται δὲ τῶν διαλόγων。[①] 这个短语可以以两种不同的路径解读：或者他们并没有准确回应柏拉图的理论，或者这些伪作与真作之间的时间不一致，或者它们只是表达了柏拉图的理论，但并没有给出任何完整的、新颖的和整体性的东西。

【40】评论：我认为，应该从两方面看待被视为是伪作的对话录：一部分是被第欧根尼·拉尔修流传下来的四联剧里真正的柏拉图作品；另一部分是被视为伪作的对话录，至少亚历山大的文字学家认为这部分是伪作。《塞亚革斯篇》和《阿西俄库篇》分别代表了前一种和后一种作品。

《塞亚革斯篇》位于第欧根尼·拉尔修《图书目录》的第五个四联剧里。[②] 这部作品主要是阐释了一些苏格拉底的轶闻，以及德谟多卡斯的儿子，即塞亚革斯的一些事情。至于塞亚革斯，修昔底德曾经提及过，同时，柏拉图在《申辩篇》和《理想国》中，也都提及过。[③] 根据《理想国》里的一段解释，如果不是因为残疾，使他不得不退出公共生活，塞亚革斯可能不会沉迷于哲学。在这部对话中，人们展开了具体讨论，很多段落和语词在其他柏拉图的对话中也被运用过[④]：比如，"守护神"（128d）就曾在《申辩篇》里运用过。[⑤] 同样，关于阿

① III，62

② III，59

③ Apologia，33 dRepublic，496 b

④ Taylor，Plato，421 ff

⑤ Apologia，31 d

基劳斯的篡权[①]，在《高尔吉亚篇》里也曾被提及过。[②]

就《阿西俄库篇》来讲，如果单纯按照语体的标准去看待它是行不通的，因为，这部著作是用方言写作的，并没有用严谨正式的语言。【41】同时，对话中的人物，与苏格拉底时期的真实事件并没有关系。对话中的主要人物就是苏格拉底和阿尔基比亚德的叔叔阿西俄库。阿西俄库曾被阿加利斯特指控参与了公元前425年的丑闻事件。

对话的情节十分简单：阿西俄库一直被死亡的恐惧笼罩着，于是就找苏格拉底帮他消除疑虑。为了安抚阿西俄库，苏格拉底首先选择了诡辩的方式，他借用了智者普罗迪库斯的观点，指出：人死后没有痛苦，生活充满了不幸和担忧，在这样的情况下，最好的办法就是结束生命。阿西俄库却不认同苏格拉底的说辞，他认为，当人们真正亲身经历死亡时，这些理论就毫无用处了。之后，苏格拉底开始从普罗迪库斯的诡辩论转向灵魂不朽说。他认为，因为人敬神，所以实现了人类的创造。阿西俄库似乎被这个理论所吸引，并且消除了自己的寝食难安，最后他不再为死亡担忧。

在这里，我们将不会分析对话的哲学意味，也不会分析到底依照什么标准，这部作品是一部柏拉图的托名之作。我们关注的是，在这部作品的真伪已经有存在争议的情况下，这部作品是怎样如此有影响力的。

【42】中世纪的西方，没有人提及《阿西俄库篇》。翻译家、哲学家马尔西利奥·斐奇诺遵照第欧根尼·拉尔修的《名哲言行录》，并没有把《阿西俄库篇》囊括进拉丁文版的“柏拉图对话集”。究竟是谁给学者们提供了《阿西俄库篇》的手稿？谁编辑翻译了这部著作的拉丁文版？这里，我们会提到荷兰人鲁道夫·阿格里科拉。鲁道夫·阿格里科拉与特拉布宗的乔治和加沙的塞奥多洛在威尼斯和费拉拉一道

---

① 151 a

② 470 d

学习过哲学和希腊语。很有可能是特拉布宗人建议他按照教授哲学的原则和“辩证法”的框架结构，把《阿西俄库篇》翻译成拉丁文的。阿格里科拉大约在1840年的代芬特尔出版过这篇对话。阿格里科拉对第欧根尼·拉尔修的《名哲言行录》（这部作品从1472年就已经开始出版）是很熟悉的，因此，他可能不太清楚关于《阿西俄库篇》的真伪作问题。在1500年之前，这篇对话至少出版发行过两次，到16世纪中期，至少出版发行过三次。

不排除编纂者们利用课堂上的知识注解柏拉图对话录伪作的可能性，在此之后，这种方式成为写作柏拉图对话录的重要手段。同时，也很有可能是苏格拉底的学生和柏拉图的同伴们通过伪造对话的形式表述自己的观点，他们的观点有的与柏拉图的观点一致，有的则截然相反，与《塞亚革斯篇》的情况是一样的。这些作品里的人物表现出像苏格拉底一样能控制别人行为的“神迹”。【43】这样的记录和表述是在任何真实柏拉图的对话里都找不到的，也是与柏拉图的思想不符合的。

厄拉托斯塞尼的著作《柏拉图》

我们回到托勒密三世统治时期的世界图书馆。厄拉托斯塞尼在古希腊学术界享有很高的声誉，并被任命为亚历山大图书馆的馆长。前295—前290年之间，厄拉托斯塞尼出生于昔兰尼，在文学领域独树一帜。① 他不仅从事诗歌和语言学方面的研究，还系统地研究实证科学。厄拉托斯塞尼摒弃了昔兰尼人享乐主义的信念，后来跑到雅典学习哲学。在雅典，他并没有选择吕克昂学园，而是在柏拉图学园参加阿凯西拉的课程。离开雅典之后，他去了亚历山大里亚，后来深深沉醉于《蒂迈欧篇》中的宇宙论。厄拉托斯塞尼的影响之所以如此广泛深远，不仅因为他的地理学和数学才能，他还通晓诗学。厄拉托斯

① Bernhardy，Eratosthenica

塞尼把柏拉图的理论和自己的理论糅合在一部著作里，并将之命名为《柏拉图》。之后，这部著作的两卷被收录到以《分析荟萃》(Τόπος ἀναλυόμενος) 为名的合卷本里。①

关于厄拉托斯塞尼所著的《柏拉图》的信息，我们只能从亚历山大学派帕普斯著作的引文里获得一些信息。根据《苏达辞书》的记载，帕普斯是一位著名的数学家。②【44】在帕普斯最重要的著作《数学汇编》的第二卷中，他提出了一些关于高等几何学的问题。从帕普斯对《柏拉图》的引文中，我们发现，厄拉托斯塞尼的这部著作与《蒂迈欧篇》有很多相似之处，但却是专门讨论数学问题的。在《柏拉图》这部著作中，主要讨论了数学概念和音乐理论，但首要的是，对“提洛问题”，也就是对倍立方体方法问题的定义做了解答。

以三联剧的形式对“对话录”的重新划分

“柏拉图对话集”是亚历山大图书馆的珍宝。拜占庭的阿里斯托芬（约前 257—前 180 年）是厄拉托斯塞尼的继任者，他率先填补完善了卡利马库斯的《图书目录》(Πρὸς τοὺς Καλλιμάχου Πίνακας)③，并且将对话录划分成为三联剧。④ 阿里斯托芬重新整理了柏拉图的对话

① Solmsen，Eratosthenes

② Eecke，Collection

③ 来自拜占庭的阿里斯托芬不仅编撰过《图书目录》，他还是一个出类拔萃的文献学家，对于他文献学家这个身份，我们可能了解得不太多。他按文献学的标准，将哲学家分成两大类——被广泛认可的哲学家和不被认可的作家。事实上，这种将哲学家分类的传统，已经小有历史，大致可以追溯到公元前 15 世纪。阿里斯托芬在《图书目录》中列举了文学界每一个领域的优秀作家，如九位抒情诗人：品达、巴库利德斯、萨福、阿那克瑞翁、斯特昔科鲁、西摩尼得、伊比库斯、阿凯乌斯和阿克曼。优秀作者的评价界定标准是一致的，受希腊文献学影响的罗马人使用“classici”这个术语来界划这些作者，意味着它们是第一道分类法则（参见法伊弗的《历史》，251—253）。——原尾注 3

④ Diog. Laert. III，61-62

录，如第欧根尼·拉尔修等没有提及的其他哲学家，也曾做过类似的工作。[①] 但显然，他的标准是明显不同于斯彪西波的。这一时期的标准是按照教学特征分类的，分为《理想国》、《蒂迈欧篇》和《克里底亚篇》。然而，无论三联剧之间的内部联系是什么样的，我们都不可以随意主观臆断存在着一个新的亚历山大版本，【45】这个版本只是按照阿里斯托芬本人的分类标准重组的结果罢了，这样可以更好地理解柏拉图思想的内涵。

阿莫尼乌来自亚历山大，他是阿利斯塔克的学生，曾经做过亚历山大图书馆的主管。[②] 阿莫尼乌继承了其导师阿利斯塔克的文献学工作，主要研究荷马史诗，同时，在这个框架下，对柏拉图从荷马那里的引用进行评注。[③]

不仅柏拉图的著作被保藏在亚历山大图书馆，还有一些其他学者的作品也在里面。例如，拉昔德斯之后的园长继任者，诸多柏拉图学园的哲学家和逍遥学派的思想家曾经写过很多柏拉图对话录的解释评注性著作，他们的作品也大都收藏在这座图书馆中。其中，有哲学家高尼雅，他在公元前 2 世纪较为活跃[④]，主要传播和宣扬融合了毕泰戈拉主义元素的柏拉图哲学。高尼雅的理论非常有意思，特别是他对柏拉图《理想国》的评注。高尼雅的思想后来影响了菲隆和奥利金。同一时期，还有语法学家和哲学家塞维卢斯，他对灵魂的本性颇有研究，其中，最浓墨重彩的是他的《蒂迈欧篇评论集》，但是，仅有一些残篇保留了下来。【46】尤多鲁斯想把柏拉图的思想系统地保藏在亚历山大里亚。尤多鲁斯在公元前 1 世纪较为活跃，尽管他对《蒂迈欧篇》的评价特别苛刻，但是他还是受到毕泰戈拉和柏拉图形而上学

① Slater，Pinakes

② Langerbeck，Saccas

③ Pfeiffer，Geschichte，265-266

④ Dörrie，Antike

的影响。[①] 尤多鲁斯的著作以《哲学话语的分类》命名。

“柏拉图对话集”的亚历山大版本

“版本”这个术语在亚历山大时期和今天是有着不同含义的。这个术语既没有准确定义文本中的文献学内涵，也没有准确定义其外延。阿利斯塔克、拜占庭的阿里斯托芬和厄拉托斯塞尼等人的版本，并没有包含副本的修复本和和复制本。这也就意味着，柏拉图的著作已经从文献学的角度做了修改，变得更加适合公共的需要，以及适合对这部著作感兴趣的人和书商的口味。

【47】从文献学上对文本的修复和处理，被称为“矫正术”。[②] 文献学家们在莎草纸手稿的空白处，用各种区别性的符号标记了这部著作的水平和性质，符号（–）表示对本句话真实性的疑问，符号（<）则表示对一段诗节的解释等。[③] 第欧根尼·拉尔修也曾指出，符号（X）主要用来表示柏拉图的语词。每个“文字编辑”都可以用这些符号自由标注记号，同时，在另外一本单独的册子上，他们会把对这部作品做一些解释性的文字（如线索和注解等）和评论。柏拉图对话录的莎草纸本，现被保存在佛罗伦萨图书馆，莎草纸上面写满了第欧根尼·拉尔修当年在书页上做的标注。[④]

术语“评论集”是经常伴随着“版本”一起出现的，这个术语第一次是在《斐德罗篇》中出现的。[⑤] 这个术语的意思主要指柏拉图的学生所保存的其上课时的笔记，以及“读者”对柏拉图著作所持的各种认同或者反对观点，当然，这个角色主要是由亚里士多德这个学生

① Dörrie，Platoniker

② Turner，Greek，112-113

③ III，65

④ Mélanges

⑤ 276 d

所做的。事实上，“评论集”主要是由他们的编辑者按照他们自己独特的兴趣和视角（包括语言学、历史学、哲学等）作出的解释。此外，“评论集”还有对某些段落进行解释和澄清的特征。[①] 在这里有必要说几句英国古文书学专家特纳关于莎草纸文献学的曲折道路，还有从 19 世纪就开始的哲学文献学家和历史学家浩大繁重的工作，【48】他们竭尽全力修复这些文本，以恢复这些作品的真实样貌。早期关于《斐多篇》和“Lachetes”的摘录被保存在盛放木乃伊盒子的莎草纸上！同时，还有包括《斐多篇》等 70 多页手稿，其中，有 4 页到 5 页是与牛津版的文本相呼应的，伯内特在他的版本里用了 8 页。同时，“Lachetes”的 40 多页手稿，7 页被采用。最有意思的是，《智者篇》中的一些小的残篇是在千叶被发现的，在残篇的第 20 页，有 7 个词语是被两个不同的人记下的，其中里面有一个词提到了所谓的临时版本，也就是亚历山大版！

在罗马攻陷了埃及之后，行省总督高奈留·伽卢斯代替了埃及托勒密王朝最后一位艳后克勒俄帕特拉的位置。伽卢斯是卡利马库斯的崇拜者。之后，博物馆和图书馆继续扩充不同领域学科的藏书。在尼禄和提图斯统治时期，第一个罗马帝国的公共图书馆被毁之一炬。[②] 后来，图密善（81—96 年）皇帝又重建了这个图书馆。为了弥补在大火中被烧掉图书的损失，他特意派了一个使团到亚历山大里亚抄写和复制书籍。逐渐地，大批哲学家、诗人和与语法学家云集定居在罗马，他们在这里开设私立学校，如以对荷马和赫西俄德评注著称的阿里斯托尼卡库斯，还有一些其他史学家。

① Turner，Greek，106-107

② Suétone，Vies，XX

罗马时代

献身哲学的先驱：瓦罗与西塞罗

【49】瓦罗和西塞罗在公元 1 世纪开始着手建造宏伟的图书馆之前，希腊的书籍就已经在罗马流行起来，这也已经为昆图斯·恩尼乌斯所证实。昆图斯·恩尼乌斯于公元前 239 年诞生于大希腊地区（译者加：古希腊在意大利南部的殖民地）卡拉布里亚的鲁迪埃。恩尼乌斯追随加图进入罗马，在这里，他还结识了一些著名的罗马学者，如马库斯·伏尔维乌·诺比利俄。恩尼乌斯还成功地将海格力斯神庙改造成了一座希腊博物馆。[①] 在这个博物馆中，设有一座藏有希腊书籍的图书馆。恩尼乌斯的学术兴趣主要是关注在南意大利地区活动的哲学家，如阿切斯特拉图和毕泰戈拉，通过其学术兴趣的关注点，能够很好地使我们得以了解帝国都城阅读群体的喜好。可以说，诗人已经成为罗马思想文化史上系统传播哲学的先驱，但与古希腊不同，罗马人不是将他们的躯体与灵魂诉诸哲学，而是凭借希腊人的关于存在论和宇宙论的理论来诠释生活和周围的世界。【50】从这个层面上讲，希腊著作作为激发诗歌与哲学灵感的核心，发挥了最重要的作用。

第一批汇集运送到罗马的主要是卢基乌斯·李锡尼·卢库鲁斯关

① Staikos，Library II，32

于希腊语方面的书籍。公元前 1 世纪，卢库卢斯较为活跃，并于公元前 74 年担任执政官。[①] 卢库卢斯深受希腊哲学学派的影响，生活非常奢侈。史学家普鲁塔克将他的生活比作是“一场古老的喜剧”。卢库卢斯收集了数量极为庞大的希腊著作和那些确实“写得不错”的书籍。卢库卢斯不仅收集购买那些独特的纸莎草书卷，他还发动了针对希腊化王国和本都国王米特拉达梯六世的战争 [②]，在征讨小亚细亚和近东的时候，他劫掠了所到之处所有的图书馆。

我们已经不能确切地知道卢库卢斯究竟为他的图书馆夺得了哪些书籍，但从频繁出入其图书馆的读者们可以看出，这是一座“公共图书馆”。其中，读者中有与共和国监察官同名的，即他的孙子马尔库斯·波尔基乌斯·加图·乌地森西斯，甚至还有来此寻找亚里士多德著作的西塞罗。

在罗马，马库斯·特伦提乌斯·瓦罗（前 116—前 27 年）是第一位罗马的文学家和系统收藏图书的收藏家。[③] 瓦罗的学术活动代表着罗马文化生活的华彩篇章。西塞罗比瓦罗年长十岁，生活在奥古斯都统治的早期。瓦罗被视为他所处时代最博学和百科全书式学者中的完美典范。【51】瓦罗是著名的拉丁语法学家和文物收藏家埃利乌斯·斯蒂尔顿（卒于公元前 70 年左右）的弟子。埃利乌斯·斯蒂尔顿曾教授他学习斯多葛学派的学说和传统。在公元前 84 年到公元前 82 年的雅典，瓦罗还师从阿卡斯隆的安提奥库斯，安提奥库斯将柏拉图哲学传授于他。瓦罗在拉丁语语法方面有着卓越丰厚的知识，不仅如此，他还在恺撒委托他为罗马第一座公共图书馆起草管理“准则”方面起到了决定性的作用。瓦罗的《图书馆》是其唯一流传至今的著作。[④]

① Staikos，Library II，73-74

② Barney（et alii），Isidore

③ Dahlmann，Varro

④ Funaioli，Grammaticae

公元前59—公元前52年，瓦罗退休后，居住在位于列阿特城附近的庄园里，并在这里创建了自己的学术圈。公元前45年，瓦罗开始致力于撰写哲学作品。在庄园内，瓦罗建立了馆藏丰富的图书馆，藏书中有柏拉图的对话录。[①] 关于《斐多篇》的一段节选摘录，这位罗马学者指出:《斐多篇》应当是被发现的柏拉图的“第四部书”。[②] 事实上,《斐多篇》确实包含在由卡利马库斯（以及后来的塞拉绪鲁）分类整理的“柏拉图对话集”的四联剧中。当然，从这一点也可以推断出，瓦罗在当时已经收集到以四联剧形式呈现的柏拉图的对话录。在恺撒被刺杀后，公元前43年，安东尼剥夺了瓦罗的公民权。尽管瓦罗幸而未死，但他在卡西诺的庄园和那些价值连城的图书馆都遭到了洗劫，他珍藏的所有书籍也几乎都荡然无存。

瓦罗是一位百科全书式的学者，也是一位思想极有条理和坚持认识论准则的哲学家。【52】同时，他对希腊文学比较熟悉，也从事历史哲学方面的研究，并有两部著作：*De liber philosophia* 和 *De forma philosophiae*。[③] 其中，第一部著作主要是用一种理论方法，确定现存哲学流派的大概数目。另外，在这部著作中，瓦罗支持柏拉图时代的柏拉图学园的理论，这与阿斯卡隆的安提奥库斯教给他的完全一致。[④] *De forma philosophiae* 这部著作已经失传，甚至能藉以知晓其内容的间接线索也没有。近来，瓦罗的著作《海伯多马底》引起了人们的关注。[⑤] 据我所知，这是罗马人最早的带有插图的著作。就我们所知的而言，这部著作已被编成15册、拥有700幅古希腊和古罗马著名政治家和文人画像，自然不用多说，在这些画像当中，有柏拉图。

瓦罗的另一部蕴含柏拉图思想和关于教育品性的革新性著作是

① Staikos, Library II, 66-68

② De ling. lat., VII, 37

③ Albrecht, History, I, 598-599

④ Albrecht, History, I, 681

⑤ Norden, Varro

《学科》。[1] 在这部著作中，他开创了一种模范式的领域，他将之命名为“自由之艺”。瓦罗对改进学生学习不同领域知识的教学方法很感兴趣，而这也正是古希腊的导师们努力推进的地方。其中，瓦罗的灵感之源就是柏拉图的《法律篇》的第七卷——《论教育》。事实上，在《学科》一书中，瓦罗已经列出了应当教授的课程的次序：首先是语法，其次是辩证法、修辞学，最后是其他课程。

现在让我们来认识一位罗马学术群体中的杰出人物——才华横溢的雄辩家西塞罗（前106年—前43年）。[2]【53】西塞罗的哲学思想，显然受到了柏拉图的影响。西塞罗起初师从柏拉图学园昔日的园长斐洛学习哲学。自公元前85年起，斐洛居住于罗马并在这里教授课程。为了进一步学习和研究哲学，公元前79年，西塞罗踏上了他在希腊和小亚细亚历时三年的学习之路。

西塞罗拜访了雅典的柏拉图学园，并聆听了当时学园的园长阿斯卡隆的安提奥库斯的授课。西塞罗在他的《论至善和至恶》一书导论中，就学园构造复杂且耗资不菲的建筑谈了自己的看法。返回意大利后，西塞罗忙于政治事务，同时，获得了相当丰厚的财富，他在罗马和帕拉丁山上有七幢别墅。在每座别墅中，西塞罗都修建了图书馆，并聘用希腊图书管理专家，对他的藏书进行分类管理。

另一位在西塞罗智慧传承中起重要作用的人物是阿提库斯，他在与名流学者通信方面颇有名气。提图斯·庞波纽斯·阿提库斯在文学界是一位很了不起的人物，他将罗马的文学著作传播到帝国的各个角落。[3] 阿提库斯出版了加图和涅波斯所著的《演讲辞》一书。另外，他还出版了许多西塞罗的著作，并与西塞罗定期保持通信联系。后来，阿提库斯离开罗马，他的大部分时间居住在雅典，并在位于伊庇

① Hadot, Arts
② Gelzer, Cicero
③ Nepos, Att

鲁斯的布特罗图姆的阿玛塞亚（即现在阿尔巴尼亚的布特罗图姆）著名的别墅内经营古董和书籍。[①]

【54】评论：据我所知，西塞罗与阿提库斯之间的通信在古代是独一无二的，不仅因为作者与出版商之间的通信在语言学上所达到的高度，还因为书籍出版前出版商对书中内容的介入程度。[②] 例如，在公元前 45 年，西塞罗在写给阿提库斯的信中提到了他的论著《论学园派》。[③] 西塞罗不同意将书中的希腊术语 ἐπέχειν 翻译为拉丁语词 inhibere 的提议，请求将其替换为另一个拉丁词 sustinere。西塞罗对一艘靠近他住所码头的船只做了细致的观察后指出，术语 sustinere 是关于航海的词汇："我认为'inhibere'这一指令意为要求水手停止划桨。但是，我又注意到他们向后划船，所以'inhibere'意指极为剧烈的动作。因此，我请求你将书中的词换成'sustinere'。"

我们引用这段插入语，是为了表明当时编辑人员在不必征得作者同意的情况下，对付诸出版的文本的介入程度。实际上，大多数时候，当作者失去对书籍的控制权，书籍的出版和重印完全被出版商的意志和判断所左右时，出版商往往会为了迎合市场的需要，对阅读者的喜好唯命是从。

我们在此应当指出，"语文学"这个术语在西塞罗时期的含义与柏拉图时期并不相同。柏拉图是第一个使用"语文学"这一语词人，他将这个词意指为那些热爱对话、乐于表达和言语的人，或者意指那些接受过文化教育的人。[④]【55】从亚历山大学派和世界图书馆的时代开始，这个词就失去了意指编辑文本的人的含义。很多情况下，在承担将杂乱的文献、引注和松散的评论整理为论著的任务时，比如，整理亚里士多德的教学著作和普罗提诺的《九章集》，"philologist"也

① Staikos，Library II，92-97

② Staikos，Library II，89-90

③ ad Att. XIII，21

④ Pfeiffer，Geschichte，198

有出版商的意思。

现在让我们回到西塞罗这里。西塞罗在其图书馆中收藏了柏拉图的著作，并称其为“我们的上帝”。[①] 实际上，在写给阿提库斯的信中，他还提及了《理想国》和《伊庇诺米篇》。

从对柏拉图对话录的援引和摘录来看，很有可能，西塞罗已经拥有了完整的“柏拉图对话集”。[②] 更为重要的事实是，西塞罗翻译了《蒂迈欧篇》。这是首次被翻译为另一种语言的哲学著作，尤其是拉丁文（后面的日期标注的是公元前45年6月）。[③]

这里，需要着重强调的是，西塞罗此前已经将塞诺克拉底的《经济论》译成了拉丁文。我们无从知晓西塞罗将《蒂迈欧篇》译为拉丁文的确切时间，但可以肯定的是，是在他完成写作《论学园派》一书之前（公元前45年）完成的。自此，这部流传下来、毁誉参半的西塞罗版《蒂迈欧篇》，给我们留下了很大的猜想空间。从对柏拉图对话录的引文上看，这似乎是一部对《蒂迈欧篇》写作风格的改写本。【56】在译本的序言中，西塞罗提到了毕泰戈拉学派的尼吉庇乌·菲古卢斯与克拉提普之间发生的争执。西塞罗翻译《蒂迈欧篇》的目的，可能是想把柏拉图哲学引介给罗马人。然而，这只能算是一部散文水平的著作。据人们推测，这部著作原计划是应该被包含在一部哲学类的更大部头的对话录中的。

西塞罗选择翻译柏拉图最艰深晦涩的作品——《蒂迈欧篇》，多多少少带有炫耀自己文学和语言学功力的成分。正如他在《论学园派》中所承认的，在翻译过程中，他遇到了巨大的困难。[④] 事实上，最使他困惑的是以柏拉图理论为基础的宇宙创造学说。但是，他想努力搞明白柏拉图神秘的宇宙哲学，并研究其灵魂不朽学说是否有逻辑

① ad Att. IV，16

② Degraaf，Cicero，143-153

③ Plasberg，Timaeus

④ Acad. II，39，123

基础。

除了哲学作品，如《论神性》和《霍腾修斯：哲学的劝勉》之外，西塞罗仅有的译著就是我们之前提到过的《蒂迈欧篇》和塞诺克拉底的《经济论》。[①]

如前文中所言，柏拉图对西塞罗的影响，主要体现在西塞罗写给阿提库斯的一封信中。[②] 在这封信中，谈及柏拉图时，西塞罗使用了诸如“神圣的”或者“上帝般的”这样的语词。[③] 西塞罗所运用的这些形容词，很可能是借用了柏拉图墓碑上的铭文。这些铭文，很可能是西塞罗在出访雅典时看到过的[④]：

> 【57】在她的怀里，温柔的大地拥抱着伟大的柏拉图的尸体
> 他的灵魂高高在上，在不朽的众神中占有一席之地
> 阿里斯通那伟大的儿子们——他们都是高尚的人
> 虽然身处遥远的国度，克制着爱与幽默
> 依然铭记着他那纯洁与上帝般的人生

此后，几乎每一位哲学史家、思想家和文献学家在阅读柏拉图的著作或对其著作作出解释时，都会言及柏拉图“上帝般的”品质，目的就是突出他的与众不同。

我们还应将西方“Academy”一词的创设归功于西塞罗，因为在大约公元前60年，他在罗马帕拉丁山的别墅中建立了第一所“Academy”。[⑤] 自那时起，“Academy”这个名字就代表着艺术与文学的中心，这也为西塞罗赢得了无上的荣耀。

---

① Albrecht，History，I，531-535

② Grilli，Hortensius

③ ad Att. IV，16

④ Diog. Laert. III，44

⑤ ad Att. I，4-9

西塞罗全身心投入《蒂迈欧篇》的翻译工作之前，在他所创作的一篇文献里，就已经体现出柏拉图思想对其产生的影响。在公元前55年，西塞罗创作了一篇杰作——《论演说家》，并将它献给其弟弟昆图斯。[①] 西塞罗在这里提出的哲学修辞学概念，如果脱离开了其源头，就难以理解。这里所谓的源头包括：柏拉图的《斐德罗篇》和伊索克拉底的《演讲集》。这两部著作被视为是一个"哲学上的努斯"。而且，西塞罗在《论演说家》一书中所选择的对话和讨论场所，也暗含了其与原始文本的密切关系。因为，就像《斐德罗篇》一样，这些对话也是在悬铃木的树荫下展开的！【58】有资料表明，西塞罗还编辑了拉丁语译本的《普罗泰戈拉篇》。[②] 这部著作只在一部分思想家和学者内部中流传过。这些信息，可以从西顿的阿波利纳里斯和普里西安所引用的文献里推断出来，但是，遗憾的是，这些线索在16世纪时就已经失传。另一个佐证西塞罗参与柏拉图著作翻译事业的证据，可以从他的著作《论共和国》的后记中找到。在这里面，有一整段是引自《斐德罗篇》的内容。[③]

《蒂迈欧篇》如何成为柏拉图的西方使者

如果我们想从认识论的角度追溯罗马文学的希腊背景，试图辨识出那些对罗马思想所产生的深刻影响的话，那必须从瓦罗和西塞罗的著作入手。

一方面，从他们的哲学作品中，我们可以看出其受到了柏拉图及其学园弟子理论的影响。另一方面，我们又能看出毕泰戈拉的影响，以及其他自然哲学家的缺席。只有卢克莱修在他的作品《物性论》中，

① Kumaniecki，Oratore

② Klibansky，Continuity，22

③ Ziegler，Publica

对赫拉克利特、恩培多克勒和阿那克萨戈拉进行了批判性的评论[①]，但是是通过伊壁鸠鲁的作品展现出来的。

值得注意的是，在罗马时代，并没有智者的诡辩性论著保留下来，拉丁文的著作者们也没有提及，甚至连普罗泰戈拉本人都没有！除此之外，【59】在西塞罗和阿提库斯之间的通信中，竟然谁都没有提及自然哲学家，也没有提及任何一篇智者的诡辩性论著。

另外，尽管西塞罗致力于翻译《蒂迈欧篇》，但是，在他与阿提库斯以及其他友人的书信中，也从未提及"大西岛的故事"。

正如之前提到的，西塞罗是第一个想要将柏拉图的作品译成拉丁文的人，他坚信其《论共和国》和《论法律》就是柏拉图罗马版的《理想国》和《法律篇》。[②] 同样，于公元前45年所著，劝导人们学习哲学的《霍腾修斯》，则是仿照亚里士多德的《劝勉篇》所作（《劝勉篇》的大纲版由伊索克拉底及其学派所作，这部作品已成为其学派的代表作。[③] 还有一个是雅典演说家的版本《交换法》）。最后，我们应该知道的是，由于当时安德罗尼柯并没有出版亚里士多德的教学著作，所以西塞罗并没有接触过它们，只是在其到访福斯图斯·苏拉别墅的藏书室时，留意到了这些作品的存在。

从《论学园派》可以看出，西塞罗的哲学思想也受到克利托玛库作品的影响。这部作品于公元前45年被编译，但是只有第二部，即《卢库鲁斯》流传了下来。[④] 这部作品主要阐述了获得知识的可能性问题。同时，遵循克利托玛库的观点，西塞罗对阿斯卡隆的安提奥库斯在其对话录《索苏斯》中的观点表示了怀疑。

---

① A 740

② Albrecht，History，I，531-532

③ Düring，Protrepticus

④ Luck，Antiochus

《蒂迈欧篇》的特点

【60】《蒂迈欧篇》是紧接着之前未完成的讨论而继续进行的，这场讨论是在一场为了纪念雅典娜的节日中展开的。[①] 讨论由苏格拉底引导，在克里底亚、蒂迈欧和赫谟克拉底之间展开。这场对话一直没有完结。苏格拉底扮演了“舞台导演”的角色，因为他把角色分配给另外三位讨论参与者，评论和解释他们的所述之言，以及决定他们在“舞台”上的出场顺序。克里底亚比蒂迈欧先发言，随后是赫谟克拉底，但是最后他却缄口不言。克里底亚首先进行了阐释（他的一些后续的对话在柏拉图的下一篇对话录《克里底亚篇》里），在做了简短的介绍后，蒂迈欧登场。他的阐释（实际上是一篇连续的独白）代表了柏拉图的整个世界观：从宇宙的造物主、宇宙的诞生法则、天体保持有规则的和谐状态的运动，一直到人类存在的特征。灵魂不朽的定义是相对于易逝的躯体而言的，同时，还介绍了人类所有的器官及其功能，所有这些都是人类生存和进化的结果。同时，还有一些关于数学概念、正多面体和等边三角形的讨论。[②] 柏拉图在《蒂迈欧篇》中，并不是想勾勒一个与其思想相符的理想世界，而是要按照世界本然的样子对其进行分析和归类。【61】这时，我们应该回想一下普塞洛斯说过的话：无论是谁，在解读柏拉图的思想时，都应该依据他本人所表达的观点，而不是他自己的观点（见 133 页）。

为什么西塞罗选择将《蒂迈欧篇》而不是柏拉图的其他对话录翻译成拉丁文呢？原因很明显，除了已经被讨论过的那些理由，我们还应该记住，前苏格拉底时期的论著都没有提出过关于整体性的世界观问题，此外，正如之前强调过的，西塞罗并没有接触亚里士多德未公

① Kalfas，Timaeus，17-39

② Karasmanis，Mathematics

开出版的深奥晦涩的论著。柏拉图的支持者和学园门徒们坚决拥护和强调《蒂迈欧篇》的宇宙论的维度，之后的新柏拉图主义者们，同样将他们的理论和写作依据建构在《蒂迈欧篇》之上。

“柏拉图对话集”在罗马出版？

公元1世纪，经常拜访提比略皇帝的常客中，有一位叫塞拉绪鲁的，他来自门德，是一位占星家。塞拉绪鲁在罗德岛流放时，提比略皇帝与他结识，并把他带回罗马。塞拉绪鲁成了这位古罗马皇帝的亲信，在每次采取行动之前，他都会请塞拉绪鲁占星卜卦。

塞拉绪鲁与哲学相关的地方是，他起草了最完整的德谟克利特作品的目录。① 据说，这项工作是他与柏拉图学派的哲学家德居里得合作完成的。在此之前，德居里得曾出版过柏拉图的作品。德居里得还曾为诸多雅典哲学家的对话录和一本名为《论柏拉图哲学》的著作做过注解。【62】除此之外，这两个人并没有值得称道的作品。很有可能，他们并没出版，而只是面向更广泛的群体，以四联剧的形式发行过“柏拉图对话集”。在此之前，这项工作已经由克利托玛库做过。

评论：“柏拉图对话集”的“出版”曾引发了各种问题，这些问题大多涉及亚历山大和罗马时期的“出版”条例。目前，我们并不清楚在提图斯·庞波纽斯·阿提库斯去世之后，雅典文献中心和罗马之间的合作程度。然而，可以确定的是罗马最著名的出版公司——索西乌斯有限公司在亚历山大里亚城有一家分公司，通过这家出版公司，许多罗马诗人、历史学家和演说家的作品，以纸莎草书籍的形式抵达这里和帝国的每一个角落。

许多罗马甚至包括其他遥远国度的诗人、历史学家和演说家，都曾在此以纸莎草书籍的形式出版过作品。同时，索西乌斯有限公司也

① Suétone, Vies, XIII, 4

是一个书店，在这儿可以买到由亚历山大图书馆的文献学家编辑的希腊著作。[①] 在这样的情况下，罗马和亚历山大就无可厚非地成为了图书出版和发行的两个重要的中心。德居里得和塞拉绪鲁作为中间人，只是确保在亚历山大里亚出版的“柏拉图对话集”的最大发行量。【63】需要注意的是，那是一个纸莎草书卷盛行的年代，既有真作，也有伪作，包括《法律篇》和《伊庇诺米篇》，柏拉图对话录的数量已经达到 88 部！可以确定的是，几个世纪以来，只有由第欧根尼·拉尔修证实过的“出版”，才是真正的出版过，直到 16 世纪出现了马库斯·马索鲁士和海因里希·斯特芳的首本印刷版作品的出现，这种想法才有所改观（详见第 229—231 页）。

帝国时期的柏拉图主义

亚历山大里亚文献学家对柏拉图对话录断断续续的注解，以及德居里得和塞拉绪鲁在打开罗马图书市场方面的贡献，使得这些哲学家们的作品在西方更容易为人们所接受。另外，从公元 2 世纪开始，对对话录连续不断的注解也为哲学家们的作品传播作出了巨大贡献。

盖乌斯主要活跃于士每拿，他曾经写过一些关于柏拉图哲学的著作。[②] 但很可惜，除了可以从他的学生阿尔比努的一些文章中了解盖乌斯部分作品的内容外，如今我们只知道这些作品的名称。盖乌斯对《理想国》写过一个评论，还有一个思考的导论：《柏拉图学说概述》（由阿尔比努出版）。

【64】阿尔比努也在士每拿授课，而且他秉承了其导师的温和立场，这种立场融合吸收了柏拉图和亚里士多德的理论。在《序言》这部作品中，阿尔比努试图记录一些阅读柏拉图著作的方法；在另一部

① Staikos, Library II, 161-163

② Praechter, Gaius

作品《柏拉图学说指南》中，他概括性地阐述了对柏拉图学说的理解，其中既包含反对意见，也有支持意见。①

对于努美纽斯的生平我们知之甚少，只知道他出生于叙利亚的阿帕美亚，活跃于公元2世纪，并给我们留下了诸多有价值的著作。②作为一个深受新毕泰戈拉学派影响的柏拉图主义者，他倡导一种三维哲学体系：主神（圣父——良善），这是一种超乎精神的存在；造物主（根据柏拉图在《蒂迈欧篇》中对造物主的描述）；宇宙精神，它在很大程度上预示了一个世纪之后普罗提诺的哲学观。努美纽斯深受东方智慧的熏陶，写下了著名的《论良善》，这篇著作通过该撒利亚的欧西庇乌为我们所知晓。③ 这部著作公开批判了来自阿斯卡隆的安提奥库斯所推崇的折中主义，安提奥库斯曾允许逍遥学派的思想渗透到学园之中，更有证据表明，努美纽斯敏锐的洞察力都体现在其著作《论柏拉图学园的学术争论》中。努美纽斯深受犹太教影响，他把柏拉图描述成“雅典的摩西”，预示着两种思想的融合倾向。

【65】来自阿耳戈斯的阿提库斯也是一位柏拉图主义者，活跃于公元2世纪的后半叶（150—200年）。④ 正如努美纽斯一样，阿提库斯也极力反对将逍遥学派的哲学与柏拉图主义的融合，他甚至还引入了一些与斯多亚学派有相关的理论。来自贝利图斯的陶鲁斯同样是一位柏拉图主义者，活跃于安东尼乌斯·庇乌斯皇帝的统治时期，著有《论柏拉图与亚里士多德哲学之差异》。⑤

公元2世纪，另一位对传播柏拉图思想起着重要影响的人物是来自非洲麦道拉的阿普列乌斯（生于公元125年）。⑥ 结束了在迦太基的

---

① Witt，Albinus

② Martano，Numenio

③ Guthrie，Neoplatonic

④ Moraux，Aristotelismus，II，564-582

⑤ Suda，“Taurus of Berytus”

⑥ Sandy，Recent

学习之后，他又来到雅典继续学习哲学。柏拉图主义对阿普列乌斯的影响很大，之后他开始周游东方国家，了解这些国家的宗教和通神仪式。在他的哲学作品中，较为著名的是《苏格拉底之神》，这篇作品主要是谈论关于守护神的问题，这是一种介于人神之间的生命体。[①]此外，阿普列乌斯的著作《论柏拉图》可能建立于阿尔比努的《序言》之上，是柏拉图主义与后来教学内容的一个综合（简言之，它主要阐述了应该按照何种顺序阅读柏拉图的对话录）。[②]其中关于宇宙观的篇章是以《蒂迈欧篇》为依据的。阿普列乌斯还翻译了《斐多篇》，创作了《申辩篇》（一篇对于外界指责他参与巫术仪式的自我辩护）。单从名字来看，阿普列乌斯的这部《申辩篇》是与柏拉图的《申辩篇》有一些联系的。[③]

【66】西塞罗翻译的《蒂迈欧篇》及后来卡奇迪乌斯对这个对话录所做的评论，创造了一种拉丁式的“柏拉图”文学。正如对话录中的摘录被引用于百科全书式的写作或者其他摘要中一样，拉丁式的“柏拉图”文学也很难辨别，而由奥鲁斯·盖留斯（约于公元130年生于罗马）所著的《阿提卡札记》就属于这种文学类型，这是第一部，也是唯一一部单本拉丁语著作中引用如此之多的希腊原文段落的书籍。[④]《阿提卡札记》是一部作者为其孩子所写的作品，尽管如此，直到18世纪，这部作品仍然是诸多不同学科的唯一信息来源，而这些学科大多与知识分子、神学家、哲学家及考古学家有关。圣·奥古斯丁就曾引用了《阿提卡札记》中的一整章关于斯多葛哲学和感情的文字，而马克洛庇则认为这是文学写作的典范。在《阿提卡札记》的第十篇中，奥鲁斯·盖留斯阐述了一些关于哲学的问题，并对柏拉图大加赞扬，此外，还引用了一段《高尔吉亚篇》中的原文：哲学，你知道，

① Lütjohann，Socratis

② Barra，Platone

③ Hunink，Apologia

④ Ameling，Athens

苏格拉底……（详见第 220 页）。[1]

奥鲁斯·盖留斯经常频繁引用柏拉图的对话录《巴门尼德篇》、《斐多篇》、《斐德罗篇》、《普罗泰戈拉篇》以及《理想国》、《会饮篇》，当然还有《蒂迈欧篇》。[2] 在他的最后一部作品中，奥鲁斯·盖留斯在第五篇中，特别提出了一个即使是最有名望的哲学家也会为之苦恼的问题，那就是声音有形与无形的界限问题。此外，他还进一步阐述了开奥斯著名希腊医师厄拉昔拉图对柏拉图的批判，在厄拉昔拉图看来，酒最先穿过的是肺。[3]

第欧根尼·拉尔修的《名哲言行录》

【67】第欧根尼·拉尔修在公元 3 世纪上半叶较为活跃，他最早以条目的形式，创作了从泰勒斯到新柏拉图主义者等一系列哲学家的生活及其作品的著作。这部“非凡的著作”共有十卷，第欧根尼采用了所谓“连载”的形式：用不同的材料记录了不同哲学学派的观点。他承认这部著作中的信息、典故以及哲学家作品等主要来自士每拿的赫米普斯所著的《传记》(Βίοι τῶν ἐν παιδείᾳ διαλαμψάντων)，除此之外，他还借鉴了其他学者的作品，其中，有来自萨堤鲁斯的卡拉提斯、阿尔勒的法沃里努斯、米利都的亚历山大、埃皮道伦的庞菲勒等。尽管赫米普斯曾是卡利玛库斯的学生，但他并没有遵循其导师的认知规则，他的作品来源也不是亚历山大图书馆的宏伟藏书目录，而是卡利玛库斯汇编的藏书目录。[4] 赫米普斯从目录中筛选提取出不同学科的信息，对整篇作品进行再造，但并不做任何评论。其中，他记录比较多的，主要是一些趣闻材料和滑稽场景。

---

① Berthold，Gellius

② V，15

③ Fuchs，Erasistratea

④ Moraux，Listes，216-233

第欧根尼最关心的并不是哲学理念，也不在意他为其写传记的思想家的理论，而是将兴趣放在了这些人的私人生活和个人习性上。但对柏拉图却是个例外，【68】因为第欧根尼的《名哲言行录》是受一个柏拉图主义者的疯狂追随者的托付所做的。

然而，这里需要强调的是，这些编纂的人物志里各人物的作品录完全是偶然的和不完整的，如伊壁鸠鲁、斯多葛学派的克律西波等。

按字母顺序排序，可以方便读者找寻定位到具体篇章，但这些作品却采用了不同的文献编目的方式——通过体裁（κατ'εἴδη），依照诗歌创作时的格律（κατὰ μέτρα）或者按时间顺序排列（κατὰ χρόνον）。[①]《名哲言行录》的编排十分凌乱，有时甚至前后不一致，有第欧根尼本人的原因，此外，赫米普斯也难辞其咎。[②] 学者们一致认为，柏拉图对话录的分类，以及第欧根尼所记载的各位哲学家的作品目录都可以归溯到卡利玛库斯的《图书目录》。[③]

我们不再对第欧根尼·拉尔修的《名哲言行录》做过多阐释。对于第欧根尼的出生地、工作场所，以及后来他又在什么领域从事研究，我们也一无所知。第欧根尼一直生活、工作于罗马，尽管那里图书馆的藏书也非常丰富，并且收录了诸多希腊和拉丁文版本的书籍。第欧根尼很可能在亚历山大里亚也较为活跃，而且已经接触到了托勒密王朝的藏书室。

① Moraux，Listes，224

② Heitz，Schriften

③ Usener，Analecta

新柏拉图主义的背景

从阿莫尼乌·萨卡斯到普罗提诺

【69】东方民族的“神学”对希腊哲学和雅典宗教生活的影响是显而易见的，这种影响从苏格拉底时期就已显现出来，一直持续到基督教成为罗马帝国的正统宗教，这段时间至少有两百年之久。这种“神学”最开始是由不同的历史学家、哲学家，以及最初流浪到美索布达弥亚和埃及的占卜师传播的。同时，这种“神学”也影响到了许多习俗仪式和丧葬活动，早在公元前4世纪末，它就成为了亚历山大大帝继承者们在位时期帝国文化传统的重要组成部分。

阿莫尼乌·萨卡斯被认为是新柏拉图主义的创始人，他从出生到逝世（公元242年）都一直居住在亚历山大里亚。[①] 作为基督教家庭的后代，大约从公元200年开始，阿莫尼乌·萨卡斯就给一帮学生讲授柏拉图哲学，其中，普罗提诺就是其中一员。【70】据我们所知，阿莫尼乌·萨卡斯并没有留下什么作品，但他的教学内容可以从他的弟子，如波菲利所著作品中推出个大概《论普罗提诺的一生及其作品》。自此，波菲利也开创了一种新的传统，那就是每个新柏拉图哲学学派里最优秀的学生都会为其导师编纂传记。

① Schroeder，Ammonius

普罗提诺（约205—270年）出生于埃及的来科波利斯。244—269年，普罗提诺在罗马创建了第一个教授哲学的学校，学校为新柏拉图主义学说的传播打下了坚实的基础。在他众多的听众里，有城镇的哲学团体成员、尊贵的上流社会代表、参议员，甚至国王伽利努都来旁听。[①] 与柏拉图一样，普罗提诺也是述而不作的。自公元253年开始，共编写了21部论集，但这些论集只是为给学生上课用的。普罗提诺极力反对出版这些论集，幸好他的学生波菲利的妥善保管，才得以使它们流传下来。[②] 波菲利将杂乱笔记中的材料整合起来，将其归类成6个主题和单元，每一个单元包含9个篇章，这就是著名的《九章集》。《九章集》是在柏拉图逝世后，最早的以柏拉图传统框架编写的哲学文集。[③]

普罗提诺的写作如同口述，他从来不重读自己的作品，而且笔迹潦草，难以辨认，甚至会出现许多拼写错误。最开始，普罗提诺的想法就是希望能成为一个公认的柏拉图思想的解读者（这种哲学被称为20世纪的新柏拉图主义），【71】但后来他致力于阐述一种几近完善的学说，并吸收了柏拉图的"理念论"，以及《理想国》《斐德罗篇》《蒂迈欧篇》里所表述的一些概念。不同于其他古代哲学家的地方在于，普罗提诺认为，哲学是一种生活方式，而不是用来学习的一些概念和理论。普罗提诺哲学理念的中心思想大致认为，既然个人不过是灵魂的载体，那么，只有个人的经验和对灵魂的分析才能使我们预见本体论等级学的连续阶段。

因其专注于精神的特性，普罗提诺的新柏拉图主义哲学具有十足的吸引力，甚至超过了其他任何一种新柏拉图主义学说。其实，若不是因为基督教的控制，这种哲学完全可以广泛地占据统治地位。普罗

① Igal，Gnostic

② Bidez，La vie

③ Kalligas，Ennead，Plot

提诺最杰出的继承人是波菲利（马勒古）。波菲利于公元232年出生在推罗，逝于公元301年。[①] 起始，波菲利与卡西乌斯·朗吉努斯及数学家德美特利在雅典一起学习，之后于普罗提诺在罗马教课时，他加入了这个志同道合的亲密团体。波菲利学识超群，编纂了其导师普罗提诺的传记，这本传记因其完整性及其与第欧根尼·拉尔修的《名哲言行录》纲领的契合性而变得尤为重要。此外，正如之前我们所提到的，波菲利还出版了普罗提诺的文集，并且他对柏拉图的对话录，如《克拉底鲁篇》、《斐多篇》、《巴门尼德篇》、《智者篇》、《斐莱布篇》以及《蒂迈欧篇》做了许多解释性的评论。[②]

阿帕美亚的新柏拉图学派

【72】杨布里科是波菲利在罗马最优秀的学生，在很久之后，他对来自佛罗伦萨的柏拉图主义者马尔西利奥·费奇诺产生了深远的影响。大约在公元275年，杨布里科出生于叙利亚的卡尔昔斯，逝于公元330年。他在仅次于安提俄克的叙利亚第二大城市——阿帕美亚，建立了第一座学院，这座学院的独特之处在于：哲学与心理学相联系，并且接受东方神学和毕泰戈拉的神秘数学命理学。

杨布里科还研究信仰多神论的宗教，他认为在良善之上存在着一个更加圣洁的主体，同时，他还将超人类的存在划分成不同的等级，并用来扩充众神。杨布里科运用三分法的原则为柏拉图的对话录做了注释，并将他的注释评论划分为“物质”、“形而上学”和“道德”。这开创了一种对柏拉图思想的全新阐释范式。

杨布里科认为，他通过这些，一方面扩充了普罗提诺的哲学，另一方面又通过集体宗教仪式增加了对净化灵魂的重视。在杨布里科的

① Bidez, La vie

② Sodano, Timaeum

现存作品中,《毕泰戈拉学说集》及《论奥秘》最为出彩。[①] 其中,《论奥秘》是以阿巴蒙神父给波菲利回信的形式著作而成，揭示并分析了埃及的诸多奥秘。[②] 【73】《论奥秘》在佛罗伦萨费奇诺的学院很受欢迎，它的拉丁文版本于1497年在威尼斯由阿尔杜斯·马努提乌斯出版，这个版本广为流传，以后我们还会谈及。[③]

我们知道，杨布里科还就柏拉图的对话录写过诸多评论，如《蒂迈欧篇》、《巴门尼德篇》、《斐莱布篇》以及《斐德罗篇》，但是，这些评论已经失传。杨布里科的作品在那个时代很受追捧，特别是那些关于神秘宗教信仰和占星术神谕的著作。同时，这些关于杨布里科神谕的传奇故事，使他的追随者越来越多[④]，就连罗马皇帝朱利安都成为他的粉丝。

① Bertermann，Vitae

② Sicherl，Mysteriis

③ BMC V，557

④ Athanassiadi，Chaldean

古典时代晚期

【74】公元3世纪末至6世纪初，这段时期通常被称为（西方国家）古典时代晚期，此时，恰逢本土基督教团体在帝国各处纷纷兴起，而且雅典和东方哲学学院也进入了一个新的全盛时期。[①] 令人意想不到的是，东方教育已经上升到了柏拉图学园和吕克昂学园这样的高度，出现了新的修辞、法律、哲学学院，甚至在一些传统思想的领域也涌现了专门的学院。[②] 因为人们在学院中要学习几年的时间，学生们需要多走许多路，这也带动了经济的发展和繁荣。[③] 学院的教科书就是亚里士多德的《尼各马可伦理学》，柏拉图的《理想国》和《法律篇》。从公元3世纪末期开始，受虚假的祭仪和埃及神秘占星术著作的影响，一些新的哲学理念融入这种教育体系中。

图书馆是一所大学（通常包括学院、哲学与修辞学系，以及知识分子团体）建成的先决条件，它必须对所有学生群体开放，并且要藏有大量的教学资料。[④]【75】因此，学院与图书馆应被看成一对“连体双胞胎”。其中，最典型的就是雅典，雅典是几个世纪以来最重要的教育中心，公元2世纪的智者埃利乌斯·阿里斯提德指出，雅典的图

① Marrou，Histoire，416ff

② Jaeger，Early

③ Morgan，Education

④ Booth，Elementary

书馆数量比任何其他城市都要多。[①]

雅典的哲学研究

公元3世纪中叶以后，雅典被赫鲁尔人袭击（公元267年），后来赫鲁尔人在阿提卡区统治了一段时间。赫鲁尔人对这座城市的名胜古迹和艺术瑰宝进行了大量破坏，损失不可估量，就连哈德良图书馆也难逃被抢掠的厄运。[②] 公元4世纪末，在阿拉里克统治下的西哥特人也毁坏了许多书籍。[③] 然而，公元408—412年，与普罗塔克复兴哲学学园的倡议同时，哈德良图书馆的重建工作也被提上日程，这次重建工作的款项是由伊利里亚的行省总督赫库里乌斯资助的。此次重建的资助意义非凡，因此，新柏拉图学园的学者普罗塔克将赫库里乌斯的半身雕塑像被摆放在了图书馆的入口处，以表达对他的纪念。[④]

据来自底比斯的奥林比奥道罗斯称，最初发起重建图书馆的是语法学家菲尔坦提乌斯。事实上，菲尔坦提乌斯并不为人所熟知[⑤]，【76】我们只知道他精通语法，并且他还为哈德良图书馆更新过大量书籍。雅典人为了纪念菲尔坦提乌斯的丰功伟绩，为他做了一座半身塑像。其实，菲尔坦提乌斯所做的贡献不是局限于像粘贴莎草纸等这样的修复工作，他还主动以羊皮纸抄本的形式对很多作品进行誊写（类似于忒弥修斯在康士坦丁堡大学图书馆中的工作，请看下文详述）。据可靠消息称，在誊写过程中，他有时会对“这些新的作品”进行逐句修改，现在，这些作品可以在雅典见到。[⑥] 在这种情况

① Panathenaikos，XIII，306

② Staikos，Library III，128 ff

③ Frantz，Agora

④ IG II2，424

⑤ Historical Orations

⑥ Frantz，Honors

下，公元450—485年，作为学园园长，普罗克洛很可能见过其不同形式的作品，因为这些作品的创作方式体现出时间的先后性：διττὴ δ ἐστὶν ἡ γραφὴ τῆς ταῦτα τὰ βάθη διοριζούσης λέξεως καὶ ἡ μὲν προτέρα καὶ ἀρχαιοτέρα [...] Ἡ δὲ δευτέρα καὶ νεω τέρα, κρατοῦσα δὲ ἐν τοῖς κεκωλισμένοις ἀντιγράφοις [...]。[①]

从公元4世纪早期开始，雅典基督教团体采取各种措施打击排斥与基督教思想相悖的异教活动与教学课程，但雅典仍然成为了当时不可忽视的哲学教学中心。[②] 这些哲学流派之间联系紧密，授课的地点通常是老师或者一些贵族成员的家中，有时也会在普罗克洛所谓的“学堂”里进行。[③]【77】为免遭基督教迫害，老师们通常会宣称：哲学教育是雅典教育的一部分，并没有触及基督教的任何禁律。

因此，自公元4世纪早期，雅典的哲学团体再一次迅速发展壮大。一部分人是来自卡尔基斯的杨布里科的追随者，他们上课的内容大致为：要使灵魂得到净化，需要通过祈祷和虚幻神秘的仪式[④]。另一部分是来自亚辛的塞奥多洛的追随者，塞奥多洛是杨布里科的学生，他促进了其老师所提倡的“三位一体”体系的发展。[⑤] 此外，宗教的通神活动也在这种新柏拉图教义框架之内，这些智慧来源于一位叙利亚哲

---

① Proclus，In Platonis，218. 几十年来，对于“κεκωλισμένα”这个词解读和理解，已经成为文献学研究的对象，但是，人们在这个问题上从来没有达成共识。勒梅勒（人文主义者，105—106）整合了不同的观点，得出以下结论：κεκωλισμέν ωνβιβλίων 这个短语，不是用来黏合，而是对 κῶλα 计数的。它以各文本（κωλίζω）的含义为标准，将各散文文本分成长度大致相等（μέτρον）的部分。这种习惯由来已久，但早已为人们所遗忘，公元267年，赫鲁尔人，以及之后的阿拉里克及其部落在雅典进行了侵略破坏之后，雅典人决定将其复原。因此，普罗克洛是指要将这些作品复原到最初的样子，换句话说，即将其恢复到之前的“版本”和之后的“版本”。——原尾注4

② Watts，School

③ Watts，School，41-47

④ Cameron，Iamblichus

⑤ Deuse，Theodoros

学家，他活跃于公元2世纪，并曾以通神者朱利安的名义进行答疑。他的“戒律”来自一本圣书，这本书中记载了神明与尘世之物和宇宙之间的关系。[①] 值得注意的是，杨布里科和塞奥多洛这两位新柏拉图主义者都写过许多关于柏拉图对话录的评论性作品，还编写过对《蒂迈欧篇》和《斐多篇》的诸多评论，但是这些作品都已经失传。

杨布里科的新柏拉图主义思想，及其在阿帕美亚所阐述的理论，对东方的新柏拉图主义哲学学派产生了三大影响，但在雅典的学者和知识分子团体中却反响寥寥。直到公元4世纪60年代末，杨布里科的侄子聂斯托利定居雅典之后，聂斯托利通过通神术避免了自然灾祸的发生，杨布里科的思想影响才得以改观。[②]【78】聂斯托利在雅典的出现具有象征性意义，因为他是首位遵从杨布里科的新柏拉图主义哲学思想的人。

将杨布里科的新柏拉图主义哲学引入理论和实践领域的是普罗塔克，他是新柏拉图主义学园的学生，同时也是普罗克洛的导师。[③] 普罗塔克居住于雅典，直到公元433年去世。普罗塔克的学术思想声名远扬，名望绝不仅限于雅典。约公元400年，许多学生来到雅典参加普罗塔克的讲座，这些学生来自地中海东部各地的哲学和修辞学学校。其中，希洛克勒和叙利亚诺斯是普罗克洛最杰出的两位学生。约于公元410年，他们从家乡亚历山大里亚来到雅典，为的就是能够成为普罗塔克的门徒。[④] 希洛克勒在其作品《论普罗维登斯》的第七本书中表示，普罗塔克也教授柏拉图的哲学原理。

本土基督教团体的势力逐渐壮大，影响力不容小觑，为确保学校的长久兴盛，普罗塔克有限制地减少了教授通神仪式的活动，从而致力于雅典哲学传统的讲授。这样一来，他的学生就可以对雅典哲学的

① Kroll, Oraculis
② Zosimus, IV, 18
③ Évrard, Plutarque
④ Watts, School, 90-91

发展有更加全面广泛的理解。普罗塔克是一个雅典贵族家庭的后代，因为其家族显赫，且在公共事务领域具有较大的影响力，这就使他享有一定程度的豁免权，也可以使他在讲授哲学的过程中免受恶意攻击。在一篇关于泛雅典娜节的碑文中记载道："厄瑞克修姆庙之公民为普罗塔克建此石碑，他是言语之祖……耗尽一生，终使神圣之船驶入雅典之祠。"

【79】出于对学园的长远考虑，普罗塔克在选择继承人方面殚精竭虑，在千挑万选后，最终将职位交给了叙利亚诺斯，之后就退休。叙利亚诺斯在运营学园时，基本遵循普罗塔克的模式，但是也做了些许变动。① 他先给学生讲授数学、占星学以及其他实证科学，然后再介绍亚里士多德的著作，做好这些准备以后，再教授柏拉图的思想。② 叙利亚诺斯在挑选继承人上也花费了好些时间，最后确定为普罗克洛。自从普罗克洛进入学园跟随其学习以来，他们两个人之间就已经建立了深厚的情谊。事实上，叙利亚诺斯在设计自己的葬礼纪念碑时，就要求将其建造成两个，这样，将来去世以后就可以和普罗克洛相互陪伴。③

公元 410 年，普罗克洛出生于康士坦丁堡，去雅典之前在亚历山大里亚学习。④ 除了遵循老师的学术和思想之外，他在学园的课程中还添加了数学、天文学和神学。我们是从马里纳斯和达默斯修斯处得知这些信息的。马里纳斯和达默斯修斯就是普罗克洛深受信任的所谓的"伙友"（hetairoi），他们在普罗克洛的指导下成为俄耳甫斯教秘密宗教的成员。其实，除了柏拉图的对话录，俄耳甫斯的赞美诗和相关的迦勒底人的神谕，也在其"伙友"（hetairoi）的思想中占据一定的

① Edwards，Neoplatonic，72

② Watts，School，95-100

③ Marinus，Life of Proclus，36

④ Blumenthal，Proclus

地位。[①] 普罗克洛临终时，他们就在其跟前吟诵迦勒底人的赞美诗。[②]

【80】公元430年，因为普罗克洛的通神活动，其政敌组织了一帮人攻击他们的学园，最终，逼迫他“自愿流放”。于是普罗克洛被迫离开雅典，前往亚细亚，在吕底亚待了大约一年时间，之后又回到雅典。

在“自愿流放”途中，普罗克洛着眼于学园的长远发展，为加强巩固学园在雅典社会中的地位，聘用了一位政治顾问。实际上，这个政治顾问正是普罗塔克的孙子阿基亚德斯。[③] 阿基亚德斯是一位有公德心的贵族，他使学园课程所讲授的内容更加接近于柏拉图时期的样子。[④] 在普罗克洛时期，雅典哲学学园的场所安排仍具有很多争议。它很有可能位于圣石对面的一栋别墅里 或者是赫洛德斯·阿提库斯剧场的东南方。

据斐罗斯屈拉特称，普罗克洛拥有一个规模宏大的私人藏书室，这使得我们更加有兴趣详细地描述他所编写的对柏拉图对话录的评论。[⑤] 我们可以从尼亚玻里的马里纳斯的传记中了解到这个藏书室的信息，马里纳斯是普罗克洛学园中的学生。[⑥] 普罗克洛收集了柏拉图几乎所有的对话录，甚至包括那些曾被误认为是“伪造”的作品，如《阿尔基比亚德后篇》，据此，他还编纂了《评论集》。然而，最具价值的作品是他对《蒂迈欧篇》的评论，他认为这部作品的重要之处在于阐释了特殊的本体论问题。

【81】普罗克洛参与编写过“柏拉图对话集”里的《柏拉图神学》。普罗克洛藏书室的具体位置在哪？是否每一任学园园长都有自己的一

① Watts，School，100-110

② Marinus，Life of Proclus，27

③ Edwards，Neoplatonic

④ Karivieri，House

⑤ Lives of the Sophists，604.5

⑥ Staikos，Library III，130-131

些藏书？最后这个藏书室发生了什么？这些问题一直困扰着我们，我们无从得知。

对《柏拉图神学》的评论：在柏拉图这位伟大的雅典哲学家去世约六百年以后，单凭普罗克洛《柏拉图神学》的名字，就肯定会引起许多争议，这不足为奇。将普罗克洛的《万神殿》与柏拉图的《蒂迈欧篇》和《巴门尼德篇》相联系还是很有意义的，因为普罗克洛主要吸收了《蒂迈欧篇》和《巴门尼德篇》的观点来支持其写作《柏拉图神学》。这部作品对拜占庭教和阿拉伯人的思想精神世界影响巨大，并在意大利文艺复兴时期，特别是在斐奇诺学院，被上升为“真理”，稍后，我们将会进行介绍。

普罗泰戈拉的《论诸神》是首部在古希腊世界以散文形式创作的神学作品。在这部作品中，诡辩运动的发起者试图根据逻辑联系来描述一种哲学性神学理论。[①] 然而，我们只知道这部作品的开头部分：“我无法知道神是否存在，或者他们以何种形式存在，因为他们太过隐晦，而生命又如此短暂。”【82】至少在此处，这句格言已使旁人无法对他的这种抨击另加评论。尽管如此，还是需要指出，当时的雅典城邦认为这一言论亵渎神灵，不仅普罗泰戈拉本人因无神论被指控，就连他的作品也被没收，并在市场上被焚毁。

柏拉图之后，许多哲学家都试图编著一部柏拉图神学，并将“匠人”（造物主）和其他的神解释为柏拉图神学思想的一部分。普罗塔克就写过一本关于柏拉图教义的手册（Διδασκαλικὸς τῶν Πλάτωνος δογμάτων）。这本手册的基本框架，是根据其在雅典新柏拉图主义学园的讲义所作的。另外，来自推罗并在雅典教授修辞学的马克西姆斯，曾写过一篇以《柏拉图心中的神》命名的文章。[②]

从幼年到晚年，普罗克洛一直努力为写作《柏拉图神学》做准备

① Eus., Evang. Praep., XIV, 3, 7

② Taylor, Maximus

性工作。首先，他编写了《神学要旨》，这是对新柏拉图主义的形而上学所做的系统性阐释。在这部著作中，他试图描述那些寓于造物主（创世）和掌控自然的实体。普罗克洛希望能使形而上学的世界更加理性化，将其浓缩为一个以无可挑剔的准则为指导的体系，其中，这一体系由 211 条原理规定并划分形而上学生命体之间的关系。我们注意到，在这篇文章中，完全没有提及神秘主义和通神理论，而这些却成为他后来作品的重要特征。

【83】像普罗克洛的其他作品一样《神学要旨》在中世纪至 11 世纪这段时间，基本上已经逐渐被东西方遗忘。[①] 但是在阿拉伯世界，它却成为了创作《论原因书》的依据，这部著作是 9 世纪由一位不知名的作者以阿拉伯语写成，后来由来自克雷莫纳的杰拉德在 1187 年之前译成了拉丁文。

普罗克洛哲学神学思想的代表作是《柏拉图神学》。其中，在这部著作中，他主要借鉴了柏拉图对话录中的观点和想法，但就“柏拉图神学”也提出了自己的诸多独到见解。[②] 整部作品由三部分构成：第一部分，呈现了柏拉图对神全面的观点；第二部分，审查了每个神的等级；第三部分，试图对独立存在的神，以及超自然的和尘世万物进行讨论。其中，把各等级的神联系在一起的主要是在第二部分。这篇作品没有被完整地保存下来。或许第二部分一直没有完成，尽管第三部分中有提到这一点，但我们还不能确定这部分是否真的被写过！根据普罗克洛的观点，共有十种神灵，他依照《巴门尼德篇》中不同的假设将它们分成三组。这部作品的开始部分类似一个关于内容的表格目录，并且点出了普罗克洛关于神学方法的主要观点：按照柏拉图的观点，谁是神学家；我们应该从哪位哲学家的对话录中得出关于他的

① Dodds，Elements

② Saffrey- Westerink，Théologie

神学观点的信息。[①]【84】另外，对于那些反对柏拉图神学的人，普罗克洛回应道，《巴门尼德篇》并没有包含关于神的所有信息。

当普罗克洛决定从学园园长的身份退下来时，他开始从学园团体成员以及其他人员中寻找自己的继承者。来自巴勒斯坦尼亚玻里的马里纳斯脱颖而出，他不仅擅长数学、天文学，并且精通哲学。[②]然而，普罗克洛很快就发现马里纳斯的声望不足以继承学园，这一点马里纳斯自己也承认，然后，他们两人一起寻觅合适的继承人。最开始的时候，他们把选拔目标放在了普罗克洛的学生、“伙友”（hetairoi）身上，后来，伊西多洛吸引了他们的注意。[③]伊西多洛来自亚历山大里亚，在雅典跟随普罗克洛完成的哲学教育。然而，伊西多洛拒绝了普罗克洛让其当继承人的请求[④]，他认为自己的能力还不足以履行学园园长的“神圣”职务，同时，他还严厉批判了马里纳斯关于柏拉图的对话录所著的《评论集》，更确切地说，他将马里纳斯针对《斐莱布篇》所做的《评论集》批驳得一无是处，甚至将其烧毁。此外，另一篇马里纳斯针对《巴门尼德篇》所作的评论，也难逃此下场。此后，伊西多洛回到亚历山大里亚继续从事他的教育事业。

后来，普罗克洛和马里纳斯将目标转向了来自阿佛洛狄西亚的阿斯克列庇欧多图斯。[⑤]【85】阿斯克列庇欧多图斯在雅典时，曾是普罗克洛的学生。阿斯克列庇欧多图斯的作品大多与数学和医学有关，其中，最著名的是对《蒂迈欧篇》所做的评论集，但现已失传。然而，阿斯克列庇欧多图斯和普罗克洛斯的亲密关系并没有让他成功继位。在这一番徒劳无功的寻觅之后，普罗克洛开始打探泽诺多托斯的

① 137c-142a and142a-155e

② Neugebauer，Mathematical

③ Asmus，Leben

④ Life of Isidorus

⑤ Watts，School，115-116

背景。[1] 泽诺多托斯是学园的一员，主要做一些关于哲学理论的研究，如研究柏拉图对于荷马式的神的看法等。尽管普罗克洛很尊重泽诺多托斯，但很快他意识到，泽诺多托斯也不足以胜任学园园长，于是，他又继续寻找新的人选。后来，他认定海吉亚斯就是合适的继承人。海吉亚斯的父亲是泰亚根尼，祖父为阿基亚德斯。作为普罗克洛最为器重的人，海吉亚斯雄心壮志，志向远大，下定决心要比伟大的普鲁塔克做得更加出色。[2] 他大约在 4 世纪 80 年代早期加入学园，那时普罗克洛已近古稀之年，身体和智力上也明显不如以前，已略显疲态。一开始普罗克洛认定海吉亚斯就是他的继承人，但随着时间的推移，他又表露出一些顾虑。

普罗克洛逝于公元 485 年 4 月，随后在学园内部发生的一些争端使局势十分紧张，学园候选掌门人之间的争夺战一触即发。最终，马里纳斯成为园长，泽诺多托斯也支持他。不久之后，马里纳斯与塞阿戈奈斯，海吉亚斯的父亲以及学园最重要的一位赞助人之间的关系变得越来越僵化，最后，迫使他自愿流放到了埃皮道伦。【86】当他回到雅典之时，海吉亚斯以非正式的名义掌管了学园，而马里纳斯只能按照惯例义务性地与海吉亚斯一同进行管理学园。

公元 489 年，伊西多洛结束在亚历山大的自愿流放之后，在学生达默斯修斯的陪同下回到雅典。[3] 达默斯修斯是一个演说家，但是他的哲学知识匮乏。正在海吉亚斯与学生的交流出现问题的时候，遭到了伊西多洛和达默斯修斯的联合抵抗。后来，事件进一步发酵，上升至政治和学术层面，最终的结果就是，海吉亚斯将学园课程管理的事情委托给伊西多洛，但是伊西多洛无权掌管其他行政性的常规事务。海吉亚斯没有作出退让，仍然继续对马里纳斯和伊西多洛施压，后来

① Suda,“Zenodotus”

② Watts, School, 121-125

③ Athanassiadi, Damascius, 32-38

伊西多洛被迫回到亚历山大，而马里纳斯最终因慢性疾病去世。[①]

海吉亚斯时期，学园日渐衰微，学园的领导者在教学上注重哲学的神学倾向，复苏了之前的诸多神秘仪式和异教活动，这激怒了当地的基督教徒和权威部门。这些活动引起了反新柏拉图主义者举行集会抗议，最终，他们要求海吉亚斯辞职并将权力交给达默斯修斯。达默斯修斯任职（大约在公元 520 年）后不久，创建了一种新的教学方式，并准许学生自己作出评判，同时，他们需要针对海吉亚斯甚至是普罗克洛的哲学理论发表自己的观点。【87】达默斯修斯的目的是更加深入地研究《一体论》和《先验论》，后来，他将他的这些观点写入了著作《关于原则的问与答》中。[②]

达默斯修斯的教学水平可以通过他对柏拉图对话录《巴门尼德篇》、《斐多篇》和《斐莱布篇》的评论进行评估，他对于《蒂迈欧篇》做的解释性评论也能体现出其学术方法，但是，这些评论已经失传。[③]达默斯修斯最先呈现的是柏拉图的原作，然后是普罗克洛的注解，最后是新柏拉图主义者的观点。

达默斯修斯还留给我们两篇很有意思的作品，一篇是描写新柏拉图主义者的生活，另一篇是写他们的作品:《伊西多洛的生活》和《悖论》。[④] 其中，《伊西多洛的生活》不仅仅是一部传记，因为它还涉及许多当时的圣贤，以及他们的各种仪式和神迹现象。在《悖论》中，他用四卷来描述唯灵论者集会、神迹显现、神秘主义者和伪经集会等。经历了三十年左右的衰退之后，达默斯修斯的思想使学园再度声名鹊起，学生们再次纷纷从东方各地赶来学习，并将这里视为他们哲学学习的一座重要里程碑。

① Life of Isidorus

② Combès- Westerink，Damascius

③ Westerink，Commentaries，I，207-252

④ Wilson，Photius，181

查士丁尼当政期新柏拉图主义学园的关闭

【88】查士丁尼皇帝希望统治整个基督教国家，而他的政策也完全决定了雅典的命运。[①] 查士丁尼进行了一场反对不虔诚的希腊狂热分子的演说，后来演变成一次纯粹的专政事件，这种宗教上的排斥，激起了所有当权者的愤怒。正如普罗科支乌斯所描述的那样，他的神权思想及其所作所为，是对各种各样学者，包括医者和教师的迫害。同时，论辩演说机构被取缔，人们开始变得盲目崇拜偶像。[②] 在这一政策之下，新柏拉图主义学园于公元529年关闭。对于学园关闭之后的事件，已有大量文献加以记载，在此我们不加赘述。这里我们只需记住的是，这个迫害事件对学术生活造成了巨大打击，学术生活已经被视为一种罪行，这就迫使达默斯修斯和学术领域内的六名成员离开雅典，投奔波斯国王库斯老，以寻求庇护。

阿盖西阿斯和马拉拉斯都对这一事件进行了记载：马拉拉斯（《编年史》）详细记叙了在弗拉维乌·德修斯担任执政官期间（529年），查士丁尼在雅典发布执行的一条法令（πρόσταξι），禁止所有人教授哲学或者解释法律。【89】来自密里娜的阿盖西阿斯（在查士丁尼的统治下）在库斯老国王的宫廷中，与查士丁尼的法令针锋相对，并在文字上存在疑惑的地方展开辩论，这被视为是学园理念的反映。乌拉尼欧斯是一个居住于康士坦丁堡的叙利亚人，在拜访波斯后，他与库斯老国王的亲臣谈及"当代哲学家中的决策之花"，他们分别是来自叙利亚的达默斯修斯，来自西里西亚的辛普里丘，来自弗里吉亚的欧郎比乌，来自吕底亚的普里西安，来自腓尼基的赫尔米亚和第欧根尼，以及来自加沙的伊西多洛。

① Just. Cod. I，1，1

② Anecdota，26

毫无疑问，这场由查士丁尼发起的政治迫害，对知识分子和学术思想造成了灾难性的后果，也使得帝国的大量书籍遭到焚毁。此外，这类由查士丁尼颁布的法令，在贯彻执行时，被一些狂热分子所拥护，如来自亚细亚的约翰，他无所不为，打击一切有违基督教信仰的活动。[①]

① Pargoire，L'Église，13-14

第一批拉丁基督教徒和柏拉图

【90】在普罗提诺于罗马执教和巩固其新柏拉图主义观点之前，哲学学派主要在东方比较繁荣，从公元3世纪中期开始，在新教与雅典的哲学体系以及柏拉图和新柏拉图主义的世界观逐渐融合的基础上，基督教文学出现了。这些渗透着异教哲学理念的文本虽然没有发展成基督教早期教父文学，但是，它们却对后来圣·奥古斯丁的个人声望产生了深远的影响。

第一批基督教文学的著作者来自他的一些仰慕者，虽然他们信奉新教，但是他们声称，他们并没有放弃罗马的根基和哲学准则，而这些都来自柏拉图以及伊壁鸠鲁学派和斯多葛学派的思想。那是一个“怀疑”的年代，充满着对比与紧张关系：一方面是教会强力施加的不可违抗的教条，另一方面是理性的思考。基督教从这两方面都吸收了合理性元素，【91】最大限度地利用异教之间在哲学层面上的矛盾，以扼杀除基督教信仰之外其他教派的发展。正是在这种环境下，孕育了一位叫作德尔图良的天才。

昆图斯·塞普提缪·德尔图良于公元150—170年出生在北非的迦太基，接受古希腊罗马式的传统教育。[1] 公元195年，德尔图良返回家乡成为一名作家。他以希腊思想为起点，很快接受了被基督教徒认为

① Barnes，Tertullian

他们自己才是真正传承了希腊哲学的“教条”。德尔图良阅读过柏拉图的作品（并不是原作），尽管他关于神的知识受到了斯多葛主义的影响，但他对于灵魂不朽的观点与柏拉图如出一辙[①]（详见《泛灵论》第36、37页）。德尔图良认为不应该禁止基督教教徒阅读异教经典，而应该禁止他们教授异教经典。此外，他还主张基督教徒应充分吸收古代诗人和哲学家作品里的思想，并将他们视作基督的先驱（详见《泛灵论》第1章第1页）。德尔图良是基督教拉丁文学的创始人，他对同时代的教父神学，如圣·奥古斯丁和圣·杰罗姆，都产生了重要影响，尽管有人认为他是宗教里的“异端”，但是，其地位是不容忽视的。

马库斯·米诺西乌·费利克斯也是迦太基人，约公元160年，在罗马从事法律方面的工作。[②]【92】他饱读诗书，精通希腊文学，曾借鉴参阅过《斐多篇》《会饮篇》《理想国》以及《蒂迈欧篇》等。事实上，米诺西乌在其作品中对柏拉图的借鉴之处比德尔图良更多，因此，这就为柏拉图在教父文学中的影响打好了“基础”。正如西塞罗一样，在其作品《屋大维篇》中[③]，米诺西乌有意采用了对话体和讽刺风格，以期与柏拉图的作品一致。他最关心的问题是，加强基督教教育，通过某篇具体对话录的发展历程，指出只有基督教徒才是真正的哲学家，才能解读柏拉图的格言训诫。其实，这一做法与《屋大维篇》中所秉持的观点一致。[④]在对话录的框架下，米诺西乌似乎认同“传播终极真理并非易事”这一哲学家的观点：“即使我们是基督教徒，也只能在他们询问我们时宣传我们的信仰。”[⑤]这段特殊的独白（《屋大维篇》）又可被理解为是一段“劝勉篇”，为的是使基督教义更加深入地传播到有教养的罗马民众中去。

① Tibiletti，Anima

② Albrecht，Minucius

③ Rötzer，Octavius

④ Octavius，20，1

⑤ Octavius，19，5

米诺西乌·费利克斯并没有召唤神迹，而是通过以柏拉图等希腊诗人和哲学家们的作品来实现自己的目的。[1] 在提及造物主时，他指出，如果不是通过一些政治上的权宜之计，柏拉图的观点不可能成为“完全的神圣思想”。[2]

在皇帝戴克里先施加迫害期间（284—305年），修辞学教师阿诺比乌在非洲非常活跃，特别是在锡卡城。[3] 最初他是反基督教的，后来，在做了一场梦之后，成为了基督教的拥护支持者。【93】为了打消他所在地区教会官员的疑虑和猜忌，他写了由七篇作品组成的《反对异教徒》[4]。其中，前两篇写于公元300年，包含冗长的关于信仰的论述，该论述被认为是进行哲学沉思的基本要求。此外，书中还指出了柏拉图主义和基督教义的共通之处。一般来说，在阿诺比乌的作品中，柏拉图都出现在重要的部分[5]，阿诺比乌关于“良善”至高上帝（即造物主）的观点很可能来源于《蒂迈欧篇》。从许多方面可以看出他反对柏拉图，而且他以自己的“洞穴喻”作为支点，摆脱柏拉图的“灵魂回忆说”。[6]

拉克唐修是阿诺比乌的学生，他最开始在尼科弥底亚教授修辞学，后来受康士坦丁大帝之邀搬往加拉西亚。[7] 拉克唐修将“基督教要义”引入基督教拉丁文学之中，这是一种具有教育性质的文学题材，是由修辞和法律发展而来的。阿诺比乌的“基督教要义”包含大量被译成拉丁文的希腊引文，这些引文主要来自柏拉图的《蒂迈欧篇》和赫耳墨斯·特利斯买吉特。[8]

---

① Timaeus 28C
② Octavius，19，4
③ Gigon，Arnobio
④ Bonniec，Adversus
⑤ Adversus I，5καὶ 8，IV，16
⑥ Adversus II，20
⑦ Wlosok，Laktanz
⑧ Stevenson，Epitome

拜占庭世界

希腊基督教文学与柏拉图

【94】随着罗马分裂成东西两个帝国，首都也随之从罗马迁移到康士坦丁堡，基督教成为了帝国的官方宗教，在文化层面上，一切都发生了改变。其中，哲学方面是我们最感兴趣的。在这里，我们谈一个新开端。

从4世纪早期开始，就有一些希腊基督教教父故意诽谤异教徒作品的价值。[①]《启蒙》(Enlightening)是圣·巴西略教父的作品，这部作品是写给他正在学习的侄子的，给他介绍展示希腊字母的正确写法。巴西略详细地指出了基督教青年教徒们应该怎样阅读，以及怎样给敬仰的作品做评论，以期节省时间，点亮其灵魂。[②]

从来自居鲁士的狄奥多瑞特创作于5世纪的作品《希腊的疾病治疗》中可以看出，他同样对经典文学持严厉批评态度。[③] 在安提阿学院接受高等教育后，狄奥多瑞特对古代作家更加熟悉，也能够掌握柏拉图的语言。【95】尽管如此，他还是劝诫追随者们：先信仰，后理解。

---

① Orations，XXII

② Lemerle，Humanisme，44-45

③ Lemerle，Humanisme，45-46

狄奥多瑞特从来不否认某些哲学家（尤其是柏拉图）所表达观点或理论的正确性①，但是，他认为这些观点或理论都是通过神圣的启示而得来的，他们同样也启发了希伯来的先知，最后，他将其总结为："我将希腊哲学家的理论比作圣经中的教义。其中，前者逐渐消亡，直到被遗忘于黑暗的角落，而后者不断繁荣成长，在任何地方它都有无数的讲师和学者，尽管他们没有像柏拉图那样雄辩的口才，但仍然弥补了现实的不足。"

然而，尽管有很多人对古希腊罗马的教育秉持不同的极端观点，并且评价也比较刻薄，但他们还是在一定程度上达成了妥协：基督教徒们承认他们应该学习古代文化，但只是为了能用自己的武器打击异端。但是，那些东方教会的神父，尽管可以对基督教世界有很大的影响，但却无法动摇那些信念坚定的人。

东方神父和柏拉图

和西方宗教的神父相比，如接下来我们将会提到的，来自亚历山大里亚的克莱门和卡帕多西亚教父，【96】如圣·阿他那修教父，尼萨的格里高利教父，拿先斯的格里高利教父，该撒利亚的欧西庇乌及盲人狄狄姆斯，他们为柏拉图思想、亚里士多德理论与基督教世界观在精神上的融合指明了道路。如此一来，这两位哲学家或多或少地会以间接的方式或者隐喻的方式出现在一些神学作品中。事实上，正如使徒保罗在《罗马书》②中讲到的，拜占庭人将神学家参与异教徒的哲学作品比作"嫁接"了野生橄榄树。后来，这个词又有了新的语义学含义，被视为含有"僧侣"的意思，而哲学这个术语则有了"苦行僧"和"禁欲主义生活"的意思，现如今，它则代表着通向完美的实

① Canivet，Théodoret，28-31

② To the Romans，11：24

践活动（τὸ πρὸς φιλοσοφίαν γυμνάσιον）的意思。[①] 在做这个选择时，人们会被提升至一种柏拉图在《泰阿泰德篇》中所描述的境界——“神的形象”。[②]

在柏拉图的理念论中，个体分有理念的思想在信仰基督教的拜占庭得到了很好的发展。在《巴门尼德篇》这篇对话录中，柏拉图解决了事物与理念之间的隶属关系，即“分有”理论。[③] 卡帕多西亚教父和尼萨的格里高利教父在他们的神学人类学中，坚定地吸收了柏拉图的“分有”理论。[④] 另外，在《蒂迈欧篇》中，描写了神圣的造物主不仅是“万物之宗”，【97】还依照“永恒的理念”（ἀΐδιες ἰδέες）建造了和谐的宇宙。

在东方的各个城市中，古希腊罗马时代对古典希腊文学的教育并没有缩减，修辞学和哲学学院也没有停止运转，恰恰相反，这些地方都发展成为教育中心。因为高等教育要持续十年之久[⑤]，因此，老师和学生就要不停地来往于不同学院之间。创建于公元 260 年的安提奥库斯学院，利巴纽斯达到了他的学术顶峰。[⑥] 公元 5 世纪，在加沙的埃涅阿斯、亚历山大里亚的希帕蒂亚和希洛克勒这些“普世教师”于公元 5 世纪，在贝利图斯也创建了一所特殊的哲学学院。[⑦]

康士坦休斯二世图书馆

康士坦丁堡快速成长为政治中心，而且发展成为东西方知名教师

① Bardy，Philosophie
② 176 a-b
③ 129 a-b
④ Ivánka，Plato
⑤ Downey，Education
⑥ Duneau，Écoles
⑦ Lemerle，Humanisme，51，ff.

的聚集地，他们在此创办学院，建立学术圈。因此，从康士坦休斯二世（337—361 年）时起，康士坦丁堡就变成了帝国的政治和学术中心，出现了第一所与大学相当的大型教育机构。在这个教育机构中，竟然一开始就建立了图书馆！这并不是对现存图书的重新安置，而是收集并处理精选过的优质书籍，将它们重新誊写到新的材质，即羊皮纸或牛皮纸上。

【98】这所大学式的学院委托给忒弥修斯（318—388 年）建设。忒弥修斯在科尔喀斯学院学习过，学识渊博，精通哲学，并且是一位优秀的演说家。[①] 他并不否认自己有异教崇拜的信念，但他仍然被允许可教授哲学，直到罗马皇帝狄奥多西一世执政。公元 357 年 1 月 1 日，忒弥修斯发表了一次纪念康士坦休斯二世的演说，就异教徒文学和图书馆的组织规范来说，这个演说很有启发意义。[②] 忒弥修斯宣称康士坦休斯一世得到了康士坦丁堡所能够提供给他的一切，不论是生的还是死的：他使埋葬于坟墓中哲人和英雄的灵魂重新复活。“一个哲人的灵魂代表着智慧、思想和交流；而他所栖息的坟墓就是他的作品，他的作品（βιβλίοι τε καὶ γράμματα）……将这些作品付诸实践的劳动者并不是铁匠或建筑师，而是卡德摩斯或帕拉墨得斯的专业艺术家们，他们能够以崭新的版面和形式对旧的著作进行再造。所以，在不久以后，像柏拉图、亚里士多德和修昔底德这种伟人，还有荷马、赫西俄德、克律西波和克林塞斯等人的弟子都会复活。总而言之，不胜其数的古代哲人，甚至是最罕见和最深刻的伟人，也会在我们眼前再现。”

据一些于康士坦丁堡完成的资料考证，柏拉图对话录的第一部抄本就出现在该时期，可能是在亚历山大里亚图书馆抄写完成。【99】这个图书馆拥有一个特殊的员工群体，他们精通希腊语和拉丁语，还

① Staikos，Library III，29-34

② Oration，IV，59b-61d

会以手写的形式重新誊抄这些作品，并且负责将它们进行分类整理，放归原处。[①] 律法规定，应该由四个希腊文物专家和三个拉丁文物专家同时进行这项工作。[②] 然而，直到9世纪以前，没有关于修道院以外的内容抄本流传下来（除第奥斯克里德斯的抄本之外，这个抄本是于512年由一个代表朱莉安娜·阿尼西亚的书法家的抄本）[③]，所以，我们不得不根据当时高等教育机构中的教学内容来研究柏拉图式的传统课程，不言而喻，这些教学讲授内容都是建立在对话录的手写文本之上的。

朱利安的观点

随着朱利安登上皇帝的宝座（公元361年），古希腊罗马文学和哲学传统再次兴盛起来，并占据了统治地位。[④] 朱利安坚信精神产品都是由神圣的启示所造就的，并完全由太阳神阿波罗掌控。[⑤] 在被驱逐出康士坦丁堡时（公元351年），朱利安就表明了自己的意愿，并选择居住在尼科弥底亚。他在自己的院子中设立了一个“学园”，每到夏季，演说家、哲学家以及文人们就会在这里消遣时光。【100】从那时起，朱利安所收藏的书籍数量大量增加，他的这个图书馆的出现在当时具有里程碑式的意义。他希望在治理国家的过程中，尊重文化传统和各地区的自治权，同时，在每个城市建立学校和图书馆。

刚刚登基时，朱利安就将教育作为重中之重。他的第一步举措，就是给康士坦丁堡大学的校长写了一封正式的书信，在这封信中，朱

① Theod. Cod.，XIV，9，2

② Wendel，Erste，59，1942，202

③ Capizzi，Anicia

④ Athanassiadi，Julian，88ff，178

⑤ Hymneto King Helios

利安就他所要采取教育政策的目的，和盘托出。[①] 他宣称，要以柏拉图理论为重点，以亚里士多德的《政治学》为纲领。柏拉图的《理想国》和《法律篇》，可以使人们进入一种不同的境界 [②]，因此，朱利安将这两部著作视为最与众不同的作品。

朱利安还写了一篇更加直接地参考了柏拉图对话录的文章。根据罗马史学家马凯利努斯的记载，朱利安之所以创作这篇文章，是因为他对安提阿公民和官员对他所做的可耻行为感到愤怒，在处理粮食短缺问题时（公元 362 年），他们的不配合也使朱利安气恼。[③] 为更加凸显安提阿公民立场的分量和历史维度，朱利安十分认同一种哲学理论：错误的行为和态度会导致民主政治体系的崩塌，并最终走向暴政。【101】因此，他在愤怒和迷茫中写了一篇题为《安提阿》或《厌胡者》的文章，这篇文章详细地再现了柏拉图《理想国》中的一个描述堕落民主政体的篇章。[④] 从朱利安的心理状态可以看出，他没有提及柏拉图以此来支持他自己的观点，而是小心翼翼地避免谈到这篇文章与柏拉图理论的来源关系问题。

《米佐波贡篇》

Τὸ γὰρ τῆς πόλεως ἦθος οἶμαι τοιοῦτον ἐστίν, ἐλεύθερον λίαν, σὺ δὲ οὐ ξυνείς, ἄρχεσθαι αὐτοὺς μετὰ φρονήσεως ἀξιοῖς; οὐδὲ ἀπέβλεψας ὅση καὶ μέχρι τῶν ὄνων ἐστὶν ἐλευθερία παρ᾽ αὐτοῖς καὶ τῶν καμήλων ……

……因为一个城市必然会是如此独立——我是说，你是否会不理解，坚持说公民应该被以一种聪明的方式统治？你是否还没注意到什么是存在于公民之间，甚至是驴和骆驼之间的伟大的独立性？[⑤]

① Bidez，Tradition

② Athanassiadi，Julian，90ff

③ Amm. Marc.，XX，14.2

④ Athanassiadi，Julian，217-218

⑤ 355bc

【102】《理想国》

Τὸ μὲν γὰρ τῶν θηρίων τῶν ὑπὸ τοῖς ἀνθρώποις ὅσῳ ἐλευθερώτερά ἐστιν ἐνταῦθα ἢ ἐν ἄλλῃ, οὐκἄν τις πείθοιτο ἄπειρος. Ἀτεχνῶς γὰρ αἵ τε κύνες κατὰ τὴν παροιμίαν οἷαίπερ αἱ δέσποιναι γίγνο- νταί τε δὴ καὶ ἵπποι καὶ ὄνοι, πάνυ ἐλευθέρως ……

……我所说的是：要证明这里的家养动物比其他地方的家养动物自由得多，就必须眼见为实，因为，空口无凭。就像谚语中所说，母犬变得更像它们的女主人，因为马和骡子已经习惯了完全自由……[①]

朱利安逝世后（公元 363 年），罗马已经失去了当初的光辉，而其他主要城市也已经沦落成省级城镇，所以康士坦丁堡就成为了帝国的文化中心。值得注意的是，康士坦丁堡仍然对教职和医护人员提供国家层面的照顾和供养：教师和医生享受免税权，在某些场合下他们由国家扶持。从公元 414 年 11 月起，国家正式批准实施对语法学家、演说家、教师、哲学家和医生的优待政策。[②] 亚历山大里亚是另一个位于东方的希腊化世界知识中心，它是莎草纸书卷生生不息的源泉，是新柏拉图主义哲学的重要交汇点。

亚历山大里亚的新柏拉图学派

【103】公元 4 世纪可以被视为亚历山大里亚思想生活的关键时期，在这段时期中，产生了许多哲学学派和基督教学说，它们自行所专，齐头并进，但又相互对立，各有千秋。一方面是新柏拉图主义哲学传统，另一方面是越来越多的基督教团体，它们试图通过公元前 318 年在埃及爆发的神学争议——阿里乌主义，来找出交汇点。阿里乌声称基督与神有着本质的区别，基督只是神的创造物，指引人们如何走

① 563 c

② Theod. Cod.，XII，3，16，17

上救赎之路。[1] 阿里乌的思想借鉴了新柏拉图主义哲学家的著作，在其著名的作品《塔利亚篇》中，他准确运用了柏拉图主义者在努力阐释“偶”过程中的术语。[2] 对此，当地教会不但将矛头指向了阿里乌本人，还搅乱了亚历山大里亚基督教团体与新柏拉图主义群体之间的“和谐”关系。然而，这时最使我们感兴趣的并不是阿里乌，而是柏拉图主义在亚历山大里亚的传统，以及柏拉图主义赖以生存和发展的环境。当然，新柏拉图主义思想传播的连续性也经受过狂热基督教徒的考验，他们使这个城市的思想精神生活走向极端，其中，受害者就有新柏拉图主义者和数学家希帕蒂娅。

【104】希帕蒂娅约于公元 355 年出生在亚历山大里亚，她的父亲西昂是个彻彻底底的柏拉图主义者[3]，除了哲学，他还教授数学和天文学。有一段时间，西昂被指派到他女儿所在的哲学学院担任院长。据说，希帕蒂娅在天文学和数学方面表现特别优异，突飞猛进，并协助其父亲进行研究。需要强调的是，在雅典占有支配地位的是杨布里科的新柏拉图主义。[4] 杨布里科的新柏拉图主义对亚历山大里亚哲学学术群体中的青年成员有着重要的影响，并与西昂和希帕蒂娅所推行的理论有着本质的不同。其实，杨布里科的新柏拉图主义在亚历山大里亚之外也有很多支持者，比如说安东尼乌斯。安东尼乌斯的父亲是埃德修斯的同事。[5] 虽然安东尼乌斯长于小亚细亚半岛，但是，安东尼乌斯最终决定在亚历山大里亚外的卡诺珀斯居住。此外，他尊崇异教神，教授哲学，并一直与亚历山大里亚的塞拉皮斯神殿中的神父保持联系。据尤纳皮乌斯所言，许多尊崇塞拉皮斯并曾参与其典礼和通神活动的人，最终转而信仰安东尼乌斯，希望加入他的学术圈，跟随

① Williams, Arius

② On Councils, XV. 3, 21

③ Dzielska, Hypatia

④ Watts, School, 187-191

⑤ Eunapius, Lives, 470

他学习柏拉图思想。

之后，希帕蒂娅逐渐接手父亲的教学工作，而且这件事情已经众人皆知。希帕蒂娅不仅推广教授实证科学，还积极教授柏拉图、亚里士多德，以及一些哲学基本原理。[①]【105】那段时间，她成功地招揽了大量的基督教学生，而他们与异教徒一起使教条主义之风消失殆尽。再加上当时城市的主流教派为基督教，这就让希帕蒂娅在教学上的成功更加引人注目。亚历山大里亚哲学世界的和谐氛围始于塞奥菲鲁担任主教之时（385—412 年），直到他去世，他的侄子西里尔登上主教宝座[②]，之后，这种氛围被急剧转变。在后来接踵而至的一系列事件中，对希帕蒂娅的诽谤和对她当众施行绞刑这两个事件，或多或少，人们有所耳闻。[③]

希帕蒂娅于公元 415 年被处死，但这一事件并没有使亚历山大里亚的哲学教育停息，因为西里尔及其党魁不再受到新柏拉图主义的威胁。[④] 另一方面，正如我们之前所说，公元 5 世纪初，许多有潜力的哲学学生为继续学业，辗转进入雅典的哲学学院学习。

在这些胸怀大志的年轻人中，首先要提到的就是希洛克勒，他和普罗塔克一同在雅典学习哲学，并且在亚历山大里亚建立了一所学园[⑤]，力图糅合柏拉图和亚里士多德的哲学，这种哲学不仅和神圣的“天意”有关，而且和灵魂不朽这一概念相联系。[⑥] 他的终极目标是“建立”一种世界观，在这种世界观中，灵魂先于肉体存在，具有至高无上的重要性。【106】然而，虽然希洛克勒知识渊博，他想通过其知识和丰富的修辞技巧来吸引基督教学生，但他却无法使学生们进入

① Évrard，Hypatie

② Clark，Origenist

③ Socrates，Eccles.Hist.，7，13-14

④ Hass，Alexandria，312-313

⑤ Schibli，Hierocles

⑥ Hadot，Néoplatonisme

学院。赫米亚斯是希洛克勒的学生中最为杰出的一位，后来他继承了学院，并且成为亚历山大里亚的新柏拉图主义思想在最后阶段的引领者。

赫米亚斯生于亚历山大里亚，和叙利亚诺斯一同在雅典学习。[①]即使后来他们成为了亲戚（赫米亚斯与叙利亚诺斯的女儿结婚），也并没有妨碍赫米亚斯回到故乡继续他的哲学事业。公元440年左右，他出版了一部作品，这也是他唯一保留下来的著作:《〈斐德罗篇〉的评论》。[②] 这部著作可能是他演讲的总结，其中记载道：对于雅典的学术团体来说，通神活动十分常见。赫米亚斯的儿子阿莫尼乌和赫利奥多罗斯后来也成为哲学家，他们在普罗克洛担任学院院长的同时，在雅典完成了学业。

阿莫尼乌天赋异禀，公元470年，返回亚历山大里亚时，他已在哲学领域远近闻名。[③] 在母亲阿德西亚政治后台的支持下，他继承了父亲的事业，继续教授哲学。同时，他的精彩演说和聪颖才智，使他成为柏拉图主义在亚历山大里亚的重要学者。

【107】但是，哲学的授课内容不断取代亚历山大里亚的基督教思想，因此，这个地区的主教开始调查哲学学院所教授的内容。为避免发生意外，阿莫尼乌与尼哥美底达成协议。尼哥美底是康士坦丁堡的宫廷代表，公元487—488年被指派到这里的哲学学院，对学院的授课内容提出意见和建议。[④] 阿莫尼乌所作出的妥协，使学院免遭灾祸，但是“代价”是要取消具有通神性质的课程。

这样，阿莫尼乌成为了亚历山大里亚哲学圈子中最优秀的“负责人”，他还试图复兴柏拉图时期的教学学科。以亚里士多德著作为基础，在学生们完成逻辑学、伦理学、物理学、数学和神学的学习之

① Life of Isidore

② Courveur，Phaedrum

③ Westerink，Prolégomènes，XI

④ Athanassiadi，Persecution，19-21

后，转而学习柏拉图的对话录。[①] 他们最先学习十篇对话，这十篇的内容主要是关于伦理学、逻辑学和物理学的。紧接着，第二阶段开始学习《蒂迈欧篇》和《巴门尼德篇》。[②] 阿莫尼乌的大部分作品都已失传，但我们了解到他写了一些对柏拉图对话录的评论，如对《斐多篇》和《高尔吉亚篇》的评论，此外，他讲评过《泰阿泰德篇》。[③] 另一个因素决定了他在亚历山大里亚哲学圈地位，那就是他与加沙的扎卡赖亚斯，以及基督教之间的关系。[④]

阿莫尼乌在公元 517 年逝世后，学院的管理职责很可能落到尤铎齐乌斯身上。【108】尤铎齐乌斯在数学方面成绩卓越，他对阿基米德有过很有价值的评论。尤铎齐乌斯的寿命并不长，可能于公元 525 年去世，他死后由新柏拉图主义者奥林比奥道罗斯继位。[⑤] 奥林比奥道罗斯同样来自亚历山大里亚，是阿莫尼乌的学生，曾经记载过柏拉图的生活。[⑥] 在学院的课程框架内，奥林比奥道罗斯写过很多对亚里士多德和柏拉图作品的评论，其中，包括《高尔吉亚篇》。[⑦] 我们从他对《高尔吉亚篇》的评论中，可以领略到其授课内容，同时，他试图将神与柏拉图在《蒂迈欧篇》中描述的造物主等同起来。此外，他还描述了信仰者最多的神——宙斯和克洛诺斯。奥林比奥道罗斯认为他们是“神灵”，一神之下，万人之上。这种看法与基督教的观点完全一致，却和杨布里科的新柏拉图主义观点大相径庭。

约翰（约安尼斯）·菲洛波努（语法学家）生于亚历山大里亚，在阿莫尼乌门下学习。[⑧] 他最开始信仰新柏拉图主义，但随后转入基

① Westerink, Prolégomènes, LXVII-LXXIV
② Olympiodorus, Commentary on Gorgias
③ Jackson (et alii), Olympiodorus
④ Westerink, Prolégomènes, XVI
⑤ Westerink, Prolégomènes
⑥ Tarrant, Surrender
⑦ Commentary on Gorgias, 47, 2
⑧ Chadwick, Philoponus

督教，并被任命为亚历山大里亚的主教。他为亚里士多德的许多作品做过评论，并且在古马其顿斯塔利亚哲学家中，他是第一个发表阿莫尼乌思想的人。[①] 菲洛波努在对阿莫尼乌理论的评论始于“太一”（这是一种十分清晰，并可以被认为是无可置疑的观点）。【109】在这种层次上的所有存在都是永恒的，也就是说，它们在时间上没有开始，也没有结束！

菲洛波努满腹经纶，他写了一些哲学驳论性作品，比如《反对普罗克洛：论世界之永恒》。[②] 这部作品反对怀疑基督教创造观念的理论。菲洛波努坚信“一神论”，认为世界的诞生和毁灭都由这个神所决定，但却遭到了严厉批判。这并不是出于某种需要，而是因为他自由的意志！

评论：让·马斯佩罗在他的一篇文章中，着重指出了雅典与亚历山大里亚新柏拉图主义学派之间的亲密关系[③]，并将其描述为“联合家族”。的确，“菲洛波努”（意为“勤勉”）这个词很有可能是某些人的头衔，他们通过勤勉使自己从亚历山大里亚的公民中脱颖而出。“菲洛波努”在教会中起着不同的作用：一些人负责照顾老弱病残，一些人负责建设或重修教堂，一些人在教堂中吟诗颂唱，还有一些人在主教公署内担任速记员。此外，正如扎卡赖亚斯所说，因受philoponoi（所谓的“philoponoi”是指那些“过分热心的、虔诚的知识分子，致力于嗅出异教的余味”。脚注）这个团体的指使，亚历山大里亚边缘地区的残余信仰遭到了系统性摧毁。[④]

【110】公元529年，查士丁尼颁布了一条法令，要求关闭雅典哲学学院，对约翰·菲洛波努来说，这是一个在亚历山大里亚哲学学院行使帝国管理权的绝好机会。然而，尽管他得到了教会和philoponoi

① Verrycken，Development

② Lang-Macro，Eternity

③ Horapollon

④ Saffrey，Chrétien，395-397

的支持，但阿莫尼乌的新柏拉图主义学园始终没有被关停，一直畅通无阻地开设到了公元565年。

自公元565年以后，基督教哲学教师开始接管学园，首先是以利亚，他自诩为“完美无缺的哲学家”。[①] 关于他的授课内容，我们只知道他最先教授亚里士多德的作品，之后教授柏拉图的作品。

对于以利亚的继承人——大卫，我们所知更少。[②] 关于他的所有传记资料和信息都来自亚美尼亚以及一位5世纪时神学家的口述。[③] 然而，这些信息还有可能混杂了与大卫重名的人的信息。我们不能确定大卫是否教授过柏拉图的作品，但是，有一篇名为《对波菲利乌斯的介绍笔记》很可能是他写的。[④] 尽管这部作品的第一部分已经失传，这里我们暂且不管其来源，但它对圣经章节的节选和新柏拉图主义理论之间关系的描述还是很有趣的。有一个观点认为，神最先创造宇宙各元素，而后才创造了人。其实，这一观点可能来自《蒂迈欧篇》。[⑤]

【111】之后，斯特芳作为大卫的继承人接管了学院。[⑥] 关于他的信息相对较多，至少在作品方面，我们知道他对亚里士多德的《论灵魂》所做的评注，该评注作为菲洛波努《评述〈论灵魂〉》的第三部著作出版。[⑦] 据考证，赫拉克利乌斯登基（公元610年）后不久，斯特芳就成为康士坦丁堡学院中的一名教师。然而，170年后，据一篇可能是斯特芳写的占星术文章记载，他教授新柏拉图主义哲学，同样还有四联剧、炼金术和占星术。[⑧] 经过对斯特芳著作大量片段的分析

① Westerink，Prolégomènes，XXXI-XXXVII

② Neumann，Mémoire

③ Wildberg，Introductions

④ Westerink，Prolégomènes，XXXVII

⑤ Westerink，Prolégomènes，XXX

⑥ Vancourt，Derniers，43-48

⑦ Usener，Stephano

⑧ Ideler，Physici

和考证，我们可以得出，在公元7世纪，柏拉图哲学仍然是一门公开教授的学科。[①]

加沙学院

公元4世纪末期，除古叙利亚首都安提俄克和亚历山大里亚之外，在巴勒斯坦的加沙地区，又出现了一个新的学术中心——加沙学院。加沙学院的特点是，在进行传统教育的同时，能够保持平衡独立。尤其是在哲学方面，哲学教师是由基督徒担任的。加沙学院的成员深受希腊文化的影响，因此，我们也可以推断，基督教思想和教育所受到的希腊化影响。[②]【112】这所学院中最重要的代表人物是埃涅阿斯（450—534年），他是亚历山大里亚希洛克勒的学生，但他只在自己的故乡加沙教学。[③]《泰奥弗拉斯托斯篇》是突出埃涅阿斯哲学立场的最重要作品，这部作品是他长期研究柏拉图对话录的结晶，它以对话录的形式，阐述了灵魂的不朽和肉体的重生。其中，作品每一页都有对柏拉图理论的引用。埃涅阿斯虽然有时没有提及柏拉图，但柏拉图还是会在潜移默化中出现！《泰奥弗拉斯托斯篇》中的对话和相应的柏拉图的对话之间的关系，可以用一句箴言描述：没有人问我什么新的东西（高尔吉亚）。[④]

扎卡赖亚斯最开始是一位修辞学教师，后来登上了米蒂利尼主教的宝座。除了一些传记和关于神学的文章，他还编撰了一篇名为《阿莫尼乌》的著作，这是一篇以宇宙永恒性为主题的对话录。[⑤]扎卡赖亚斯不仅是一位作家，在一定程度上，他还是philoponoi的代表人物。

① Papathanassiou，Stephanos

② Tatakis，Phil. Byzant.，27-34

③ Hercher，Epistolographi，XVIII

④ 447d

⑤ Watts，Response

除了以上我们所提到过的信息，这个“团体”的成员，还致力于鞭策亚历山大里亚的哲学家归依基督教，出于这个目的，扎卡赖亚斯曾写了两篇文章，即对话录《阿莫尼乌》和《塞维卢斯的生活》，以此被philoponoi 借用来当作“教科书”[①]，就关于世界永恒的话题对新柏拉图主义者进行攻击。

扎卡赖亚斯的弟弟普罗科皮乌斯是一个学者和演说家，【113】从他所写评注中的介绍章节可以推断出他对哲学的专注。在《致预言家以赛亚》中，他以理性为准则，对普罗提诺关于“癫狂”的观点[②]以及如何看待无法正确解释圣经的人进行了修正。普罗科皮乌斯写了一篇题为《反驳〈普罗克洛之神学各章〉》的文章[③]，用来驳斥关于宇宙永恒论的理论。虽然这部作品只有一个章节流传下来，但是在他的《论〈创世纪〉》中，可以找到同一主题的观点和信息。[④] 事实上，他是支持创世纪的观点的。

帕加马的新柏拉图主义学园

公元 4 世纪早期，帕加马建成了一座新柏拉图主义学园，院长为杨布里科的学生，来自卡帕多西亚的埃德修斯。[⑤] 埃德修斯并未发扬导师杨布里科的猜疑和神秘主义理论，而是跟随普罗提诺的步伐，主张通过其他方法在思想上实现升华。其中，拜占庭的皇帝朱利安就是埃德修斯的学生之一。朱利安曾游历至帕加马，结识了埃德修斯，并希望从他的思想中获得启发。[⑥] 埃德修斯被朱利安的坚韧所折服，最

① Watts，School，215
② PG 87，2，1817 AB
③ Dräseke，Widerlegung
④ PG 87，1，29A
⑤ Eunapius，Lives，4
⑥ Athanassiadi，Julian，32-34

终答应做他的导师，敦促并成功说服这位王子参加他“真正的儿子”，即来自明都斯的欧西庇乌和来自萨尔迪斯的科里萨西乌斯的演说。

【114】很明显，帕加马学院的理论特征大多来源于尤纳皮乌斯所著的《历史评论》。尤纳皮乌斯来自萨迪斯，是一位新柏拉图主义者①，公元345—420年这段时期，较为活跃。他受埃德修斯之子科里萨西乌斯的影响，将自己的作品“贡献”给了皇帝朱利安。在这部作品中，尤纳皮乌斯表达了自己反对基督教的极端立场，其中，这些观点是通过佛提乌斯图书馆保留下来的一些残篇中得来的。另外，他的《智者的生活》以 toto 的形式（斐罗斯屈拉特所采用的语体风格）流传下来，并且成为一个名副其实的文化宝库。②

修道士世界中的柏拉图

在拜占庭，柏拉图思想的教育和影响不仅限于世俗领域和大学范围：除了在哲学与神学圈内出现的一些争论，柏拉图思想在修道士中也得到了广泛传播。当然，这些修道士并不会像神学家那样完整地接受柏拉图思想的观点，也没有将柏拉图视为像摩西那样的另一个基督教世界的先驱，很多哲学家也秉持这种观点。这些修道士和一般神职人员的反对意见，会通过布道文章或者圣徒的观点表达出来。

评论：我们在阐释 5 世纪之前关于修隐主义神学著作中的柏拉图理论时，有必要提一下这种主义的早期发展情况。【115】修隐主义的发起者不是正式神职人员，而是普通教徒，他们结成群派，隐居于世，过着一种禁欲苦行的生活。他们被称为 spoudaioi 或 philoponoi，叙利亚的一些地区将这些人视作“承诺之子”。在“Vita of Antony”（安东尼被认为是修隐主义之父）和“Canon of Pachomius”中，修隐生活

① Banchich，Athens

② Wright，Eunapius

主要用两种形式呈现出来：修隐和修道。

第一座修道院建立在郊外，修道士名义上受律法制约，实际由虔诚的国王狄奥多西一世管理。

帕拉弟乌斯的“Lausaicon”（公元5世纪）和约安尼斯·尤科兰塔斯（姓莫斯霍斯）的《精神的草地》（6—7世纪）是描述这些隐士生活和义务最重要的两个来源。[①] 这两部作品中描述了巴勒斯坦修道士的宗教生活，在拜占庭十分受欢迎。[②] 公元6世纪，在约翰·克利马古的帮助下，修隐主义达到了顶峰。约翰·克利马古是埃及西奈山上圣·凯瑟琳修道院中的修道士（525—605年），曾创作《神圣攀登的天梯》。[③] 在这部作品中，他展现了信仰者对于完美的渴望以及建造“天使之城”的神秘行为，这就是修道士的修隐生活。

“天梯”这个词，是指雅各在梦中看见的神圣阶梯（《创世纪》28：12），作品有三十章[④]，【116】暗指基督生活的三十年。“天梯”阐明了修道士的行为准则，目的是让其通过戒律和冥想与世俗隔绝。关于死亡的论题，约翰·克利马古赞同异教哲学家的观点，他写道[⑤]：异教徒（希腊人）说过同样的话，这着实令人震惊，因为他们将哲学视作对死亡的冥想。他标注道：参照柏拉图的《斐多篇》，但是是从一个完全不同的视角出发的。

公元7世纪早期，较为突出的是马克西姆斯（580—662年）神父的思想。马克西姆斯出生在一个康士坦丁堡的贵族家庭，曾任国王赫拉克利乌斯的大臣。[⑥] 约公元630年，他回到克律索波利的修道院。[⑦]

---

① Magheri，Lausaikon

② Baynes，Pratum

③ Völker，Scala

④ Hausherr，Theology

⑤ PG88，797C

⑥ Beck，Kirche

⑦ Thunberg，Vision

根据福音的传统，马克西姆斯相信他所写的东西都来自灵魂。[1] 在他简短却极为重要的文章——《论灵魂》中，马克西姆认为，灵魂这个概念的实质并不仅仅是精神，而是现实在经过理性的理解后所转化成的物质——这明显是参照了柏拉图的《斐多篇》里的思想。他认为，他的思想之源为：神以自己的形象创造人，对于每一个虔诚的基督教徒来说，他必须要回归到他的创造者的状态。

7 世纪早期，拜占庭帝国卷入了两场战争。【117】最开始是与波斯斗争，后来又与阿拉伯抗衡，最终拜占庭失去了一大片富庶的领土。这些位于东部，且拥有深厚文化传统的大城市接连落入敌人手中，包括安提俄克（公元 637 年）、耶路撒冷（公元 638 年）、亚历山大里亚（公元 642 年），以及半个世纪之后的迦太基（公元 698 年）。

作为原十字军的一员，为了重新夺回波斯在 614 年的耶路撒冷之战中的战利品——圣十字，国王发起了对波斯的战争。这场与科斯洛二世帕尔维兹的战争丝毫也没有改变什么：它只是印证了几世纪之前就存在于东部边境的事实。

① PG 91，356A

柏拉图思想传播中的阿拉伯因素

【118】拜占庭人于9世纪后回到希腊，在之后的几十年间，阿拉伯人开始传播柏拉图思想。他们最先将古希腊文学作品译成古叙利亚语，然后又译成阿拉伯语，这使得大量作品得以流传下来。我们并不是要支持某条新理论，因为许多涉及拜占庭和阿拉伯之间书籍“交换”的参照信息，都出现在想象和神话里，或者只是一种为了更广泛的反拜占庭的宣传手段。这里，我们会引证一些关于在阿拉伯世界发行出版的书籍，以及一些关于阿拉伯学者解读阿拉伯版柏拉图对话录的历史事件。

古希腊罗马图书馆的遗产

关于这场翻译运动及其范围①，人们会发出一些疑问：阿拉伯的学者从哪里得到的希腊书籍？哪些图书馆给他们提供了这些翻译的书籍？【119】10世纪时，一些典型的希腊书籍集中地和标志性的修辞和哲学学院落入阿拉伯人手中：亚历山大里亚保存了托勒密王朝图书馆的残骸。4世纪末之前，在书籍领域占有优势地位的有安提俄克、耶路撒冷和该撒利亚的图书馆，加沙和阿帕美亚学校，西奈山和

① Staikos，Library III，163-186

圣·萨巴斯的劳拉的修道院图书馆等。除了这些赫赫有名的书籍圣地之外，还包括大量在罗马时期建成的以建筑和藏书内容而闻名的图书馆，例如，位于以弗所的凯尔苏，位于塔盖德（蒂姆加德）的罗加提亚努，位于萨拉戈苏斯的图书馆，以及迦太基的布拉綦吉亚等。[①]

巴格达的另一个“卡利玛库斯”：奈丁

如果有人想要学习阿拉伯人关于古代精神世界的知识，了解他们的著作和阿巴斯王朝哈里发时期（直到公元974年）的翻译运动，那么，就必须要去翻阅奈丁的《群书类述》。[②]

对于奈丁，我们知之甚少。奈丁曾学习过包括希腊语在内的多种语言，精通多个领域，之后在巴格达建立了一个书籍中心。【120】这个书籍中心的形式和学园相似，建有主题分类档案室，其中包含阿拉伯疆域范围内所有民族思想家的信息，这些信息涉及各个不同领域，包括他们的生活和著作。[③] 奈丁在第一部著作中就表明了他的意图和著作中要涉及的内容[④]：“以阿拉之名……这是一本属于包括阿拉伯在内的所有国家的书籍目录，它采用阿拉伯语，从每一门学科的创建伊始发展至今，参考所有作者的个性特点及其作品的主题范畴，并结合传记细节（出生、根源、生活、活动、社会思潮）……”所以，它不是一个简单的书目记录，而是“卡利玛库斯式”努力的结晶，是一本阿拉伯书籍的百科全书，囊括所有作家的身份和确切的信息，以及关于作者生平和工作等的其他信息。

在“阿拉伯书的福音”中，奈丁记录了关于希腊图书和阿拉伯帝国范围内图书馆的信息、阐述，以及诸多口头传统。的确，他在《群

① Staikos, Library II, 223-316

② Fihrist

③ Fihrist, I, XVI

④ Fihrist, I, 1-2

书类述》中，可能引用过神话故事中的例子，比如由 Abu-al-Fanl ibn-al-Amid 所发现的藏匿在伊斯法罕防御墙中箱子里的希腊书籍。[①] 奈丁所记录的书目和版本细节都是第一手材料，对此，我们丝毫不感到惊讶。【121】因为为了收集信息，扩充书籍收藏的数量，他曾游历去过阿勒颇、巴士拉、库法等地。约从公元 977 年开始，这位阿拉伯作家开始了艰巨的书目整理的任务，他花费了十年时间完成了第一卷，然而，他可能在 990 年或者之前已经去世，所以构成这部巨著的十部作品，此时尚未完成。[②]

希腊著作翻译为阿拉伯语运动的背景

先知穆罕默德去世之后不到三十年间，阿拉伯军队吞并了曾属亚历山大大帝的领土，形成一个新月形的势力范围，从东部遏制住了拜占庭帝国的扩张。这样一来，本来隶属希腊和基督教世界的一些思想中心就落入阿拉伯人手中。倭马亚王朝（661—750 年）为确保国家机器的长久平稳运转，在帝国内，包括首都大马士革，加强希腊语的传播学习，并且保留了许多"说希腊语的"国家公职人员。在叙利亚和巴勒斯坦，有很大一部分人将希腊语作为母语。此外，它已经成为贸易语言，基督教有学识的教士和保皇派也都推崇希腊语。因此，许多希腊语流利的国家公职人员名声远扬，其中，【122】有著名的若望·伊本·曼苏尔·鲁米（拜占庭或东方基督教徒），也有大马士革的约翰（活跃于倭马亚王朝哈里发时期）。

所以，这一时期，出现了一种以希腊语作为先锋并以宗教宽容为特征的文化背景，但无论是土著居民还是阿拉伯征服者，都对学习或

① Fihrist, II, 578-579

② Fihrist, I, XX-XXI

再现古典思想失去了兴趣。[1] 就此看来，不论从其保存或者遭受的破坏来看，我们可以假设从倭马亚王朝时期开始，很少人注意到阿拉伯人所拥有的书籍财富。然而，也有个别情况表明，阿拉伯贵族对希腊文学拥有更加深厚的兴趣：新统治阶级的出现，促使将亚里士多德与亚历山大大帝之间的通信译成阿拉伯语。因为，在这些通信中，包含有对这位优秀君主如何进行统治的建议。

阿巴斯王朝及其意识形态

先知穆罕默德去世后，其内部发生了激烈的矛盾，之后，阿巴斯开始执政。[2] 其实，阿巴斯人成功地灌输了他们的学科——逊尼派和什叶派中的意识形态。这两个学科是阿巴斯王朝与古代伊拉克、伊朗帝国王朝之间的纽带，【123】使巴比伦和波斯萨珊王朝的文化成就持久繁荣，从未间断。这一概念的提出者为曼苏尔。

曼苏尔（在位时间:754—775年）是阿巴斯王朝的第二任哈里发，他将巴格达设立为帝国新的首都（公元762年）。[3] 曼苏尔也是阿拉伯翻译运动的启蒙者。他最初将各种语言（主要是希腊语）写成的作品翻译成阿拉伯语，其中，主要是关于亚里士多德和柏拉图的作品，另外，还有克劳狄·托勒密的《天文学大成》以及欧几里德的《几何学》等。[4] 曼苏尔天生对文学敏感，他不只应被视作一个学者，也是一个了解诸多文化传统重要性的优秀统治者。此外，他还极其尊重命运，甚至占星家都会借鉴他的预言。

对于古希腊－阿拉伯文化（从公元850年起）的研究及评价表明，毫无疑问，从8世纪中期到10世纪末，除文学作品（诗歌、散

① Gutas, Thought, 75 ff

② Kennedy, Abbasid

③ Nöldeke, Mansur

④ Gutas, Thought, 30-31

文）和历史文本外，几乎所有的希腊语著作都被翻译成了阿拉伯语。也就是说，哲学著作，如亚里士多德全集，以及关于占星术、炼金术、天文学、医学、药理学、数学（算术，几何学）、音乐理论的作品等，都被译成了阿拉伯语。如此看来，阿拉伯语已经渗透于希腊语和拉丁语之间，成为第三种“经典”语言。①

根据奈丁的记载，第一次系统性地将希腊语作品翻译为阿拉伯语的运动是由穆阿维亚·伊本·亚齐德发起的，【124】他被认为是“马曼家族的圣人”。② 因醉心于炼金术，他要求一帮在埃及各城市学习的希腊哲学家加入他的学术活动中，督促他们将希腊语和科普特语版本的炼金术书籍翻译为阿拉伯语。紧接着，《群书类述》也从希腊语翻译成为阿拉伯语。③ 此外，其他与科学相关的希腊语哲学作品也被译为阿拉伯语。纳迪姆表示，这一运动发起的主要原因是那个马蒙著名的梦，以及他与亚里士多德的对话。④

几乎所有柏拉图和新柏拉图主义者的著作，都由叙利亚的基督教徒传播至阿拉伯世界，其中，这些基督教徒包括聂斯托利派和基督一性论派⑤，实际上，他们还将所有的希腊文学作品翻译成了古叙利亚语。同时，希腊医学知识也传入亚细亚中心地带，“希波克拉底学院”也是因为这一运动才得以成立的。巴格达的哈里发们深受希腊哲学理论吸引，马蒙执政以来（813—833 年），叙利亚的 Yahyā ibn al-Bitrīq 编纂了第一部阿拉伯语的《蒂迈欧篇》。⑥

然而，柏拉图思想在阿拉伯世界的传播，主要是通过伽伦而不是

---

① Gutas, Thought, 4 [182-183]
② Fihrist, II, 581
③ Fihrist, II, 581 ff.
④ Fihrist, II, 583 ff.
⑤ Klibansky, Continuity, 14-15
⑥ Tayeb, Reig

普罗克洛的评论。[1] 当时，并没有任何涉及西塞罗对《蒂迈欧篇》的拉丁语译本的资料，以及卡奇迪乌斯所写的注释。[2]

伽伦创作的大量作品可按主题分为三个部分，一部分是关于哲学的：《论希波克拉底和柏拉图的格言》、【125】《〈蒂迈欧篇〉义疏》以及未流传下来的作品。伽伦在《柏拉图对话录概论》中对《蒂迈欧篇》做了阐释，并对《克拉底鲁篇》、《智者篇》、《理想国》、《巴门尼德篇》、《欧绪德谟篇》、《蒂迈欧篇》及《法律篇》等做了扼要的概括。[3] 伽伦的这部作品仅通过阿拉伯语的译本传播开来，并且吸收了《理想国》和《法律篇》中的思想。[4]

杰出的哲学家和希腊文化研究者阿尔法拉比，主要在巴格达活动，他逝于公元950年或951年。他为柏拉图思想在阿拉伯世界的传播作出了突出贡献，包括创作了具有重要地位的《柏拉图和亚里士多德哲学》一书。直到13世纪，这部作品才通过希伯来的手稿为人知晓。在这部作品中，阿尔法拉比紧随先前哲学家的步伐，试图证明柏拉图和亚里士多德在思想中存在的一致性。对柏拉图《法律篇》的阐释，再一次使阿拉伯人对于“神圣的柏拉图”产生了更广泛的哲学兴趣。[5] 阿尔法拉比经常引介阿莫尼乌和波菲利的思想，在这些作品中，他们试图找出柏拉图和亚里士多德理论共通的地方和契合点。在阿尔法拉比的主要作品《美德之邦》中，【126】可以找到关于《理想国》的大段篇章及相关的评论。其中，跟其他对话录相比而言，《蒂迈欧篇》是阿拉伯作家引用最为频繁的柏拉图对话录。[6]

到9世纪末，阿拉伯人接触到了几乎所有的柏拉图著作，另外，

① Kraus -Walzer，Plato Arabus，I

② Hasse，Plato

③ Bergsträsser，Hunayn，124

④ Gutas，Synopsis

⑤ Arberry，Epitome

⑥ Walzer，AlfarabiIndex

还有柏拉图学园之后的新柏拉图主义者及早期评论家的注释。随着时间的流逝，与柏拉图对话录相关但已经失传的文章，如伽伦对于《蒂迈欧篇》的注解（前面还有一部分是对《会饮篇》的注解），不排除仍旧保存在阿拉伯世界的图书馆中的可能性。

其他两部阿拉伯语翻译作品与柏拉图主义的传统有关：奥林比奥道罗斯对《智者篇》的评论，以及相应地，普罗克洛对《斐多篇》的评论（希腊原文已丢失）。[①] 在《斐多篇》的希腊文释义中，包含对最后一幕的描述。随着苏格拉底的逝世，该描述也被保存下来。的确，很可能这个释义也成为人们不断引用柏拉图对话录的原因，这也是一些阿拉伯文学的特点。[②] 尽管如此，此处我们还是应该提及苏格拉底的逝世[③]，肯迪曾写过一篇名为"记苏格拉底之死"的文章，但今已失传。肯迪在传播柏拉图的思想过程中起着至关重要的作用，因为通过将已经失传的《会饮篇》翻译成阿拉伯语，【127】他详细地描述了谈及"爱"的篇章。在阿拉伯格言集中，也包含《会饮篇》的长篇摘录，这也成为希腊文学作品中相应思想的主要来源。

在阿拉伯文学作品中，关于柏拉图思想的记录，一般出现在12世纪学者阿威罗伊（伊本·路西德，阿威罗伊的阿拉伯语名字）的作品中，比如《论原因书》。[④] 这部作品涉及的主题，包含在亚里士多德《形而上学》中的第11部分，它根据"上帝是唯一并且永恒的存在"，呈现了神圣的一神论观点。然而，在很大程度上讲，《论原因书》是建构在两个基础之上的：一个是普罗克洛的《神学要旨》，另一个是于9世纪阿拉伯学者编纂的"亚里士多德神学"。

西方的学者，比如罗吉尔·培根、托马斯·阿奎那、大阿尔伯图斯、埃吉狄厄斯·科朗纳（罗马的圣伊莱斯）等人，开始是通过《论原因书》

---

① Walzer，Buruclus

② Bürgel，Phaido

③ Gutas，Symposion

④ Steel，Questiones

接触到的柏拉图的思想，他们以不同方式对其进行评论，并将柏拉图的思想贯穿于创作之中。由于人们普遍认为《论原因书》越来越重要，所以在 1255 年，巴黎大学正式将其列为高级人文艺术学院的课程。

格言式著作

参照希腊哲学家的作品和年代，我们可以间接得出阿拉伯文学深受柏拉图传统的影响，并和一些轶事材料集有关。早在前伊斯兰时期，阿拉伯人就大量采用这种文学体裁。【128】从一些希腊语和阿拉伯语的文本来看，中世纪西方的学者形成了他们自己的文学传统。[①]其中，第一部作品是《黄金盛宴》，这是一个西班牙语的标题。[②] 而在拉丁文版本中，这部作品的拉丁文版本的名称为《古人道德哲学书》（可以追溯到 13 世纪中期）。[③]《黄金盛宴》并不是此类书籍中唯一一部被翻译成西班牙语的，它收集了“哲学家之轶闻”中的诸多格言和谚语，这部作品以“El libro de los buenos proverbios”为题，在 13 世纪早期广为传播。

毫无疑问，这些哲学家的名言警句也被纳入了具有赞美性质的传记作品中，比如，第欧根尼·拉尔修的《名哲言行录》。[④] 然而，在阿拉伯的谚语著作中，也有在希腊著作中找不到的素材，比如被认为是柏拉图（或梭伦）的格言，很显然，这都是阿拉伯人从现已失传的关于柏拉图的资料中摘抄的。[⑤] 如以下两句 Al-Mubaššir's Commentary 中的格言，可能是参考了柏拉图的原作：

柏拉图面临一个问题：

---

① Gutas，Wisdom

② Mettmann，Bocados

③ Franceschini，Liber

④ Gutas，Wisdom，338-340

⑤ Rosenthal，Sayings

一个人应采取什么样的方式报复敌人？他回答道：

不断提升自我。

伪伯利的“*Liber de vita et moribus philosophorum*”是用来评价格言材料出处的参考书[①]，这部作品成书于13世纪20年代晚期，至今保留有270部手稿和21部古版印刷本。【129】该作品介绍了131位古代圣人（从泰勒斯到普里西安）的生活及其思想，但唯独没有关于基督教作家的描写。[②]

除了柏拉图的哲学著作和名言警句以外，一些伪柏拉图的作品也被保留下来，并通过阿威罗伊著作中的引文而为西方所知晓[③]，这些作品有：主要描写神迹的“*The Book of the Cow*”（Liber vacae）和描写与炼金术有关内容的“*The Book of the Quarters*”（Liber quartorum）等。之所以把这些书归到柏拉图名下，是为了提升它们的价值。

通过阿拉伯语及新柏拉图主义在阿拉伯帝国各地的普遍传播，从以撒·迪斯雷利作品中可以很明显地看出，柏拉图思想已经影响到了犹太人的思想。但是这一问题，以及柏拉图思想对犹太教和欧洲相应犹太团体的影响，已经超出了本书研究的范围。[④]

---

① Knust，Moribus

② Grignaschi，Pseudo

③ Hasse，Plato，52-53

④ Altmann（et alii），Israeli

柏拉图思想在拜占庭的复兴

【130】在8世纪到9世纪期间，谈及第一批附有注释的柏拉图对话录的出版物时，我们应特别注意柏拉图著作的手稿。虽然这些手稿一部分已经失传，但值得庆幸的是，也有许多被康士坦丁堡的寺庙和图书馆所保存了下来。

在康士坦丁堡图书馆中，莱奥的一系列手稿，表明柏拉图对话录抄本的存在。莱奥是一位哲学家和数学家，他出生于公元8世纪末期，出生地可能是拜占庭的首都[①]，他曾徒步游历过小亚细亚中心地带的各个地区，从事教学和收集修道院收藏室中抄本的任务。莱奥虽然没有接受正规的哲学教育，但他完全凭借自学，获得了渊博的哲学知识。[②] 莱奥曾抄写编辑了许多古代文学文章，据说，还评论过柏拉图的《法律篇》。[③] 在评论的第五部作品中，有标注："最后部分由哲学家莱奥编辑。"这表明当时莱奥手中有早期柏拉图作品的抄本。[④]

【131】根据莱奥的评注，我们可以假设，在拜占庭，哲学传统并没有被终结，只是停留在了"学院"层面上，但也并没有什么显著的成就。这种假设可以从两方面得到证实：一方面是伪提乌斯的作品

① Wilson，Scholars，79-84

② Lemerle，Humanisme，148-156

③ Rabe，Platon

④ Lemerle，Humanisme，242-243

《图书馆》；另一方面，是从 9 世纪以后，拜占庭文学家系统地参与古代文学集的编纂。佛提乌斯在《图书馆》中频繁提及柏拉图和亚里士多德，但并没有批评或者分析他们的作品。相反，在佛提乌斯的另一篇作品《知识大全》中，他严厉批判了柏拉图的理念论。这一事实表明，在康士坦丁堡的图书馆中有对柏拉图和亚里士多德的评论性著作。

阿里萨斯是该撒利亚的大主教，公元 9 世纪出生于佩特雷，活跃于康士坦丁堡，是佛提乌斯的学生，后来成为收集抄本的大收藏家。① 阿里萨斯十分富有，为了丰富藏书和代表第三方编辑抄本，他聘用了一些卓有才华的书法家为自己工作，比如约安尼斯和白奈斯。② 在阿里萨斯收藏的“柏拉图对话集”中，由约安尼斯抄写的三联剧（1—6）是较为杰出的作品。③ 阿里萨斯付给了约安尼斯十三个硬币，又花了八个硬币购买上等牛皮纸。④【132】手抄本于 895 年 11 月完成，阿里萨斯，约安尼斯做了大量评注。第二部抄本仍然是由阿里萨斯聘请约安尼斯执笔，内容支离破碎，但被囊括在同一时期的已经失传的四联剧（《法律篇》《伊庇诺米篇》《书信集》）中第十章的 2—4 部分 ——《定义集》和《伪篇》。也就是说，这部抄本相当于“柏拉图对话集”的第二卷，也可能是阿里萨斯的版本。大致与上述抄本并行的还有带有阿里萨斯手写评注的柏拉图“版本”，该版本包含了未完成的抄本中已经失传部分的材料。阿里萨斯出资抄写的另一部柏拉图作品的抄本证明，在这一时期，柏拉图作品的地位得到了普遍提高与发展。

大学中的柏拉图思想

随着 11 世纪末期科穆宁王朝开始掌管拜占庭，虽然康士坦丁堡

---

① Kougeas，Arethas，7

② Lemerle，Humanisme，214

③ Westerink，Arethae

④ Lemerle，Humanisme，214

表露出衰败的迹象，但还是经历了一段光辉岁月。其中，这段时期的特点之一，就是城市大学中院系的重组[①]，特别是由约安尼斯建立和管理的法律学院和由迈克尔·普塞洛斯执掌的哲学学院。现如今，我们不仅能一步步找出柏拉图作品的抄本以及对这些作品的评价，【133】还可以在教学层面探索柏拉图思想的传播。

普塞洛斯是柏拉图的热诚支持者，在15世纪初期的几十年间，他在学术界就哲学学校应以柏拉图还是亚里士多德为主导发起过一段长时间的讨论和争辩。普塞洛斯在大学里介绍了由柏拉图观点得出的教学大纲，正好和《理想国》的第6部相似。[②]他还批判了那些将其他哲学家比作柏拉图的人，他明确指出，柏拉图的思想，以及他对话录中的摘录都很难模仿，这些对话录在最开始看来浅显易懂，随着深入发掘，就会变得“充满难点”。[③]普塞洛斯强调，如要正确阐释柏拉图的思想，必须以柏拉图所表达的观点为基础，而不是凭借作家自身的观点去理解柏拉图。

普塞洛斯的工作就是在大学中扩大柏拉图的影响，然而这项工作并不轻松，因为国王的亲信和一些与主教亲密的神学家都明确表示过，他们反对柏拉图的思想。为说服这些人，普塞洛斯采用了各种方法和不断陈述之前表达过的观点，比如柏拉图应被视作摩西的学生和基督教的先驱者。《论理念》是普塞洛斯以柏拉图视角写成的哲学作品之一[④]，其中，他提出当理念等同于“努斯”并具有自己的独立权利时，【134】理念就等同于形式：造物主＝造物。他在《评述柏拉图对灵魂起源的思想》中[⑤]，逐字逐句地引用了许多普罗克洛《对柏拉图〈蒂迈欧篇〉的评论》中的原文。同样，在他的《解释柏拉图式战

① Markopoulos, Search

② zervos, Philosophe, 91

③ Boissonade, Daemonum, 51

④ Benakis, Ideas (= Ἰδέες)

⑤ Bidez, Timée4, 64

车——〈菲得洛斯篇〉中的灵魂驱动和终众神之战》中，他引用了赫米亚斯《评注柏拉图的〈菲得洛斯篇〉》中的原文。[①]

普塞洛斯从大学退休后，其职位由学生约翰·伊塔卢斯继任。约翰·伊塔卢斯传承了其导师的风格，继续教授柏拉图。正如安娜·科姆尼娜所说，他教授柏拉图的"理论与教条"，并根据对话录中的深层含义，深入挖掘柏拉图的思想。[②] 伊塔卢斯可能是第一位提出要回归哲学自主性的拜占庭教师，他的思想有诸多原创性。其中，《问题与答案》(Ἀπορίαι καὶ Λύσεις) 中就存有大量原创，而且从其书名就可以得出，这部作品的组织形式就是问题与答案。此外，还提出了关于柏拉图与亚里士多德在"第五种元素"上的一致性问题。[③]

1204 年，康士坦丁堡在第四次十字军东征过程中沦陷，拜占庭的首都被洗劫一空，大量手稿被烧毁，然而，一些珍贵的书籍封面却仅因其艺术价值被收藏于西方的博物馆中。整个帝国分崩离析，出现了许多拉丁和希腊政权，其中，最重要的是尼西亚帝国，【135】它成为 1261 年收复康士坦丁堡的发起国。在科穆宁时期发起的教育改革在尼西亚得以延续，同时，具有代表性的古希腊文学著作集，在图书馆中采用了之前的"律法"。

正如尼凯福鲁·布莱米德一样，普塞洛斯关于柏拉图思想的精神并没有被摒弃。尼斯福鲁斯·布莱米德（1197—1272 年）虽然是一位亚里士多德主义者[④]，但他同样宣传柏拉图的理论，而其中的《蒂迈欧篇》正是与亚里士多德的相应作品完全背离的。[⑤] 布莱米德同样对尼西亚皇帝约翰三世（1225—1254 年）建成的图书馆作出了重要贡献。作为尼西亚大学中哲学学院的领导人员，布莱米德为购买手稿

---

① Sicherl，Platonismus

② Alexias，v，362

③ Stéphanou，Humaniste

④ Ševčenko，Autobiographies

⑤ PG 142，1224 CD

以及无法通过其他途径获得的抄本[①]，他向西游历了很多地方，最开始是萨摩斯岛，后来到了阿索斯山、拉里萨、帖撒罗尼迦等地。

西奥多二世拉斯卡里斯登上尼西亚王位之时，整个国家的文化生活呈现出生气勃勃之象。[②] 拉斯卡里斯被认为是拜占庭基督教人文主义内容经典定义的提出者，他不仅是一个崇尚希腊世界的热诚藏书家，还采取诸多措施保证学校的运转。此外，他还积极促进帝国多个城市内图书馆间的交流与合作，其中，这些城市有普鲁萨、以弗所、士每拿、帕加马，以及埃德雷米特等地。[③]

【136】自康士坦丁堡于 1261 年被收复，一直到 1453 年，这段时期内，大学开始重新运营，学术方面也有了人文主义的特征。帝国内开始系统性地普及对古希腊和拉丁文学的教育，相反，神学教育则退居其次。之后，帕列奥列格王朝的两位著名学者乔治·帕奇梅雷斯（1242—1310 年）和马克西姆斯·普拉努得斯（1260—1310 年）也开始了活动。帕奇梅雷斯承认自己是亚里士多德主义者，但是却对柏拉图和新柏拉图主义十分熟悉。他的工作是抄写经典文本，编辑柏拉图的对话录和普罗克洛对《阿尔基比亚德篇》和《斐多篇》等的评注。[④] 在他的长篇作品中，有一篇以“哲学”为标题的介绍性文章，他参考了《斐德罗篇》和《蒂迈欧篇》[⑤]，其中，还引用了柏拉图对哲学含义的观点：“我们从哲学中得出，神已经或者将会，将至善赐予凡人。”[⑥]

马克西姆斯·普拉努得斯精通拉丁语，他是第一个用希腊语将拉丁文学和西方神学联系起来的拜占庭人。[⑦] 他翻译了西塞罗《西庇阿

① Curriculum

② Bachmann，Laudem，5

③ Staikos，LibraryIII，347-348

④ Failler，Tradition

⑤ Littig，Φιλοσοφία

⑥ Golitsis，La date

⑦ Wendel，RE，20.2

之梦》(Ἐνύπνιον τοῦ Σκιπίωνος)、马克洛庇的《记事录》、圣·奥古斯丁的《论三位一体》(Περὶ τῆς Τριάδος)和波伊提乌的《哲学的慰藉》(Παραμυθία τῆς Φιλοσοφίας)。[①] 马克西姆斯·普拉努得斯选择《西庇阿之梦》并非偶然，因为在西塞罗《国家篇》的最后一本书中提到了它，【137】并述说了政治家在死后生活中得到的回报。同样，对马克洛庇作品的选择也绝非偶然，因为它提到了波菲利对《蒂迈欧篇》的评注，与马克洛庇在普罗提诺的罗马演讲中吸取的新柏拉图主义理论相并列。[②] 普拉努得斯或许想让拜占庭的思想家们了解新柏拉图主义在中世纪向西方传播的途径[③]，他还编撰了33句警句——《铭词集》，其中有25句警句出自柏拉图[④]，例如：

当我亲吻阿伽松时，灵魂就附于嘴唇之上，可怜的灵魂啊！她走来，希望与他擦肩。

Τὴν ψυχήν, Ἀγάθωνα φιλῶν, ἐπὶ χείλεσιν ἔσχον· ἦλθε γὰρ ἡ τλήμων ὡς διαβησομένη.

如今，当我轻声低语，赞美阿莱克斯的美丽时，他就变成了所有观察者的目标。我的心啊，为什么要给我如此的诱惑？日后你必将后悔：这岂不是让我们失去了斐德罗？

Νῦν ὅτε μηδὲν Ἄλεξις ὅσον μόνον εἶφ᾽ ὅτι καλός, ὦπται καὶ πάντη πᾶς τις ἐπιστρέφεται.θυμέ, τί μηνύεις κυσὶν ὀστέον; εἶτ᾽ ἀνιήσει ὕστερον· οὐχ οὕτω Φαῖδρον ἀπωλέσαμεν.

【138】御磨台的看管人尼斯福鲁斯·丘姆努斯（1261—1327年）

① Schmidt，Latenische

② Turyn，Anthology

③ Mioni，Antologia

④ Hiller（et alii），Anthologia

是 14 世纪的一位杰出人物，尽管他信奉柏拉图对灵魂的看法[①]，但在他的教学作品中，有明显的驳斥柏拉图理论的倾向，包括与物质、理念、形式相关的理论，以及关于记忆力减退的理论等。尽管丘姆努斯是个亚里士多德主义者，但他仍然认为柏拉图是最重要的哲学家之一。为了给柏拉图做辩护，他写道：反对那些当思想浑沌、朴实无华的修辞学家被审问之时而表现出不愉快的人；反对那些从事天文学却否认柏拉图及其理论的人。[②]

早在 14 世纪初的几十年间，在康士坦丁堡已经明显显露出对人文主义教育的普及。这种教育在皇帝安德罗尼柯二世和洛戈塞蒂斯·西奥多·梅托齐特斯[③]（1270—1332 年）时期达到顶峰。梅托齐特斯受过良好教育，其思想深深植根于希腊文化。作为一个政治家，他能体察到东部地区对帝国的潜在威胁。从制定的课程和对待柏拉图的态度可以看出，他是追随普塞洛斯，并且思想独立的。[④] 同时，哲学与数学的融合，深深吸引了梅托齐特斯，而这种融合正是柏拉图在学园的理论基石。关于柏拉图的作品，他总结道：即使一个人可以理解柏拉图某个客观正确的观点，他也不可能真正像这位哲学家理解的那样表达它："因此，柏拉图的对话录就是如此。"【139】梅托齐特斯补充说，"确切来说，一方面我们很难理解神，另一方面又不可能真正言说和解释神"。《杂录》[⑤]（Ὑπομνηματισμοὶ καὶσημειώσεις γνωμικαί）是梅托齐特斯最重要的和篇幅最长的作品，其中，大部分内容都与哲学相关，其中，谈及了 70 多位哲学家。[⑥]

尼斯福鲁斯·格雷戈拉斯（1295—1359/60 年）是梅托齐特斯的

① verpeaux，Choumnos

② Boissonade，Anecdota，III，365-391

③ Beck，Theodoros

④ Tatakis，Phil. Byzant.，249-256

⑤ Miscellanea Philosophica，70

⑥ Miscellanea Philosophica，130

学生，他才智过人，学识渊博，在学术之路上追随导师的步伐。[①] 作为一名作家，他主要对哲学、神学、天文学、历史和语法感兴趣。作为一名教师，他在康士坦丁堡的柯拉修道院建立了学校。尼斯福鲁斯·格雷戈拉斯的影响不仅限于拜占庭，就连西部地区的学生都来听他的课。在日渐升温的柏拉图主义者和亚里士多德主义者的辩论中，格雷戈拉斯明确表示支持柏拉图主义，这标志着这场争论在拜占庭的终结。而且，为了模仿柏拉图的作品，他还写了一篇名为《佛罗伦提乌斯》的对话录[②]，在这部对话录中，他对西方经院哲学家进行了严厉的批判。他并没有把柏拉图和亚里士多德相互对垒，而是通过拉丁经院学校中的"亚里士多德"和西方经院神学家来反对"神圣的柏拉图"。

拜占庭帝国正在萎缩，政治生活中充满了来自奥斯曼帝国的巨大压力，【140】但是，在这种情况下，对人文精神的教育仍然顽强发展。自 15 世纪早期，拜占庭的文学家们将目光转向西方，并以康士坦丁堡和普莱桑在米斯特拉斯的学校为跳板，为意大利文艺复兴的标志——人文主义运动，作出了突出贡献。这一股向西的人文主义洪流涉及了多个方面：早在 15 世纪早期，意大利学者就开始在康士坦丁堡的高级学院学习进修，他们为自己的私人藏书室或者贵族们由庭院改造成的博物馆收集图书和手稿，这些我们将在下一章有所介绍。[③]

14 世纪末，"柏拉图对话集"在西方都可以找到。1410 年，开始有人将柏拉图对话录翻译成拉丁文。15 世纪中期，特拉佩祖提乌斯完成了对《律法篇》和《巴门尼德篇》的翻译，与此同时，在费拉拉－佛罗伦萨会议上，初步奠定了在意大利正式系统性教授柏拉图主义的

① Guilland，Nicéphore

② Jahn，Florentius

③ Fuchs，Schulen

基础。在 15 世纪的后几十年间，印刷版的拉丁文版柏拉图“全集”开始发行。自 14 世纪末期，在意大利文艺复兴中，拜占庭文学家们在人文主义方面成绩显著，硕果累累，我们甚至可以称之为“西方的拜占庭”。

中世纪柏拉图主义在西方的命运及《蒂迈欧篇》事件

【141】在具体描述中世纪时期柏拉图主义在西方的发展之前，我们应强调一点，除了西塞罗和卡奇迪乌斯对《蒂迈欧篇》所做的拉丁文释义、翻译和评述，以及西塞罗所作的关于《普罗泰戈拉篇》的评述外，罗马学者们几乎从未翻译过“柏拉图对话集”。虽然这些翻译作品对西方学者的思想产生了巨大影响，但由于基督教在中世纪的广泛传播，直到 15 世纪早期，仍然没有西方思想家翻译或评论其他的柏拉图对话录。最先打破这一现象的是来自意大利卡拉布里亚的阿里斯提波，他在 11 世纪曾翻译过两篇柏拉图对话录，具体内容请看下文介绍。

我们早已讨论过西塞罗对《蒂迈欧篇》的翻译，此处不加赘述，但应补充一些关于卡奇迪乌斯的信息。虽然没有传记流传下来，但是从卡奇迪乌斯的作品中，我们对他的教育观点可见一斑。【142】卡奇迪乌斯可能出生于尤卑亚岛的卡尔昔斯[①]，他在 14 世纪的罗马较为活跃，哲学知识渊博，精于钻研柏拉图。有段时间他跻身神职人员行列，担任主祭或执事长，将所有作品贡献给了大主教何西乌，并为其服务。[②] 他是第一个试图翻译古代文学作品中的哲学部分的基督教徒，

① Bakhouche，Calcidius，7-13

② Winden，Sources，2

而事实上，这些作品与柏拉图的对话录仍有些许差别。

早在柏拉图授课的时候，《蒂迈欧篇》就成为重中之重，随着时间的推移，它更是被提升为柏拉图宇宙论中的“圣经”。[①] 曾经对《蒂迈欧篇》写过论文和评注的人不只亚里士多德和克冉托尔，另外，还有阿德拉斯托斯（根据普罗克洛的说法，并被波菲利所证实）、伽伦、哈尔伯克拉提昂、波菲利、塞维卢斯、波西多纽、尼各马科（杰拉什）、陶鲁斯（贝利图斯）、普罗塔克（喀罗尼亚）和西昂（士每拿）等。[②] 卡奇迪乌斯关于《蒂迈欧篇》的作品分为两部分：翻译和注释。同时，这两部分又可以包括在两个独立的单元之中。[③]

评注的特点

评注作为一种文学体裁，已经与帝国时代末的古典时期和希腊化时期有了很大不同，主要表现在它的撰写原理发生了变化和用于制作学校课本上。[④] 【143】这些变化促使自古至今的大量作品被划分成独立的主题单元，这样一来，它们就更易被理解，学生们也更易接受。所有被纳入拉丁学院教学大纲的哲学作品，都要经过修改，这也很可能是只有卡奇迪乌斯的《评蒂迈欧篇》和马克洛庇的《西庇阿之梦》两部哲学作品成为学校教科书的原因。

评注：卡奇迪乌斯忽视了这一方面，追随自伽伦和塞维卢斯时期以来的《蒂迈欧篇》研究者的步伐，对柏拉图对话录的前几页进行了翻译和解释。评注分为 35 个主题单元（段落），凸显了两个层面：科学数学层面和哲学层面。[⑤] 在注释中，卡奇迪乌斯不只涉及哲学的三

① Dörrie，Platonica，13-29

② Krause，Studia

③ Bakhouche，Calcidius，13

④ Donini，Testi

⑤ Winden，Sources，13

大核心（逻辑学、物理学和伦理学），还重点叙述了三大研究领域——认识论（科学）、物理学、神学，对“三位一体”的描写，可能是该评注的核心。

来源：毋庸置疑，卡奇迪乌斯的创作依赖于希腊文化。很久之前就有人认为他的评注和一些经典著作有关系，1902年，Switalski指出，卡奇迪乌斯的创作来自波西多纽。自此以后，大量研究者也认为，新柏拉图主义和波菲利也是他创作的源头，【144】直到研究特定言语引用的S. 施格得出结论——奥利金才是卡奇迪乌斯所作的评论的源头活水。奥利金尤其是对《蒂迈欧篇》和柏拉图关于灵魂不朽的思想感兴趣。虽然看起来卡奇迪乌斯有许多《蒂迈欧篇》评论可以参考，但他还是选择放弃异教徒和基督教学者们的释义，转而记叙自己的观点。

卡奇迪乌斯成为数个世纪以来，知识分子和学生了解柏拉图的唯一途径。从中可见，他在西方哲学史上的重要地位。在他的导论中，卡奇迪乌斯曾对他未来的读者指出，这本书呈现了很多在古代就存在的难点①，并不是因为它缺少文学德行，而是因为根据里面的多种理论，实在很难把握柏拉图的思想。卡奇迪乌斯补充道，很明显，这篇对话（《蒂迈欧篇》）是柏拉图为学园中那些熟悉各种知识论的成员所作。卡奇迪乌斯坦率地表示他并没有这种目的，以此看来，他并没有局限于单纯的翻译，因为这样可能会导致这部著作比原作更加晦涩难懂。卡奇迪乌斯在开始部分——“大西岛的故事”中并没有撰写任何评论，他认为将整篇对话录自身作为一个整体较为合适……【145】接下来就是内容列表，它向人们展示了这部著作中即将要涉及的主题单元和呈现的27个评论话题。事实上，只有13个话题流传下来。

最开始吸引我们探索卡奇迪乌斯的《蒂迈欧篇》在中世纪思想家中所起到的作用的，是该部翻译作品中的一个有争议的观点，也是拉

① Bakhouche, Vision, 3

丁人对柏拉图式造物主的反馈：柏拉图所说的造物主不像犹太人和基督教的神，他既不无所不能，也不无所不知。他利用具体物质创造出宇宙的框架，也就是说，他并不是无中生有地创造，而是建立在其他模型之上。的确，为了管理世间万物，他塑造了不同的神来决定万物的命运和事业，也就是他们的时日和工作。由此看来，卡奇迪乌斯在《蒂迈欧篇》释义中的观点和“最仁慈的上帝”仍然保持一致。

深入研究卡奇迪乌斯的抄本之后，我们对《蒂迈欧篇》的手稿传统感到惊讶。在他地道的翻译中，包含未被转录成拉丁文的希腊字词，以及用来表示评注和《蒂迈欧篇》之间对应关系的数字。在比较19世纪及之后的抄本之后，我们可以得出结论，它们都是建立在一个晚期的古代手稿之上的，并且某基督教徒也读过这个手稿[①]，因此，他欣喜地写道：“神的善意是万物之源。”【146】这部大约在5世纪或6世纪早期完成的手稿可能保存于高卢一带，并且可以断定，流传于法国加洛林王朝时期的抄本不止一部。[②]其实，很有可能这些抄本中的一版被保存于查尔曼大帝帝国图书馆中，并且被用来当作阿尔昆宫廷学校（帕拉丁）的教材。鉴于中世纪的思想家不仅把柏拉图当作他一系列对话录的作者，更把他看作是宇宙起源的探索人。因此，不论是修道院还是普通的图书馆，都会收藏一部《蒂迈欧篇》的抄本！

① Klibansky，Continuity，6

② Somfai，Transmission

西方的中世纪

【147】柏拉图思想向西方的传播从康士坦丁堡成为罗马帝国的首都时（公元 330 年）就已开始，直到 14 世纪结束。我们所能得到的信息十分模糊，只能大体作为参考。之后，不仅柏拉图的理论被边缘化，希腊文学典籍也开始被排斥，当然希腊语也难逃厄运。这一系列事件的原因就是基督教和它对古希腊罗马教育和文化的态度，他们致力于为基督教徒建立一个新的适合于他们的教育体系。信仰者们可以阅读但却被禁止用异教书籍教授课程，这也正是后来德尔图良所秉持的立场（详见 99 页）。哲学家们被视作异教徒的“首领”，诗人被当成真理的叛徒。即便如此，也仍然阻挡不了拉丁教父们的质疑——古希腊罗马文学的确很重要。例如，安布罗斯宣称圣经中包含了教授基督教教义所需要的一切，为了创作《论牧灵职务》，他从西塞罗的《论责任》中汲取养分。【148】杰罗姆曾指出：“西塞罗和使徒保罗有什么关系？”实际上，他是在激励神职人员们研究古典文章，以此来丰富自身知识和内涵。

在评论使徒保罗的《加拉太书》时，杰罗姆提出：“有多少人了解这些对话录？哪怕听说过柏拉图？这些屈指可数的人如今只不过是愚蠢的老者罢了。”其实，这略带夸张的言辞也不无道理。对于柏拉图的对话录，我们很少有人知道其在远古时期的拉丁文翻译作品，只有一小部分人了解西塞罗翻译的拉丁文版《普罗泰戈拉篇》，比如西顿的阿波利纳里斯和一些普里西安学生中的博学之士。正如之前所说，西塞罗对《蒂迈欧篇》的零散翻译，对于研究柏拉图思想并没有起到很大作用，而这些翻译早在6世纪以前已经失传。同样失传的还有阿普列乌斯翻译的《斐多篇》。所以，杰罗姆时期有能力阅读希腊文的学者，比如圣·奥古斯丁，可以通过一些零碎片段和马略·维克多林（"柏拉图学派的书籍"）作品的拉丁文篇中出现的新柏拉图主义者的评注，以及一些其他拉丁作者的作品来了解柏拉图的理论。即使如此，【149】柏拉图传统还是通过卡奇迪乌斯翻译的《蒂迈欧篇》从中世纪时期流传下来。学术界认为，其中附带的诸多评注可以当作教学素材。拉丁教父们认为，柏拉图在《蒂迈欧篇》中关于宇宙造物主的观点与基督教教义完全一致。

如果我们徜徉于中世纪思想家的海洋，试图挖掘柏拉图文集对拉丁教父的影响，那至少要注意一点：公元285年普罗提诺完成他的教学事业之后，罗马人对希腊文学和科学成就的兴趣日益减少，他们并不阅读原作，而是通过拉丁文集和各种文摘中的文学或者百科篇章获取相关知识。实际上，塞内加、卢克莱修或圣·奥古斯丁完全不了解亚里士多德，显然对他也不感兴趣。波伊提乌是唯一一个提升和完善亚里士多德哲学思想的人，这点我们将在下文有所提及。然而，罗马思想家们不但与希腊的文化资源完全断绝了关系，而且那些已经转化为基督教徒的拉丁作家们还将自己富于创造性的思想与基督教父、护教论者以及基督教"神学"的规定训令融合和协调起来。

西方教会中的教父和柏拉图

【150】公元339年或340年，安布罗斯在意大利树立了基督教信仰，并成功遏制了由阿里乌主义在教堂发起的反抗。[1] 安布罗斯生于

① Paredi, Ambrogio

特里尔（奥古斯塔·特列维洛路姆），在罗马学习修辞学，并在政界谋生，公元374年被选为米兰大主教。[①] 后来在一场三方事件中，他试图缓和阿里乌主义和东正教的关系，排斥异教活动，并支持教堂不参与帝国内部事务。安布罗斯的作品包罗万象，并且大部分都建立在专注解释旧约的布道之上。

安布罗斯接受的是古希腊罗马文化教育，他通晓希腊文，精通哲学，曾研读过普罗提诺、波菲利、塞克斯都·恩披里柯以及柏拉图的大部分作品，并且可能见过卡奇迪乌斯。[②] 他在年轻时写了《论哲学》，但是，现已失传。[③] 安布罗斯还通过罗马作家了解柏拉图思想，比如，马克洛庇和阿普列乌(《论柏拉图》)。此外，他还熟悉一些"基督教化"的作家，比如西塞罗和特伦斯，并完全避开了有可能被认为是"邪教"或"异端"的理论。【151】他毫无顾忌地使哲学服务于宗教，并独特地将与基督教教义相符的神谕警语——"认识你自己"作为在救赎教育中的座右铭。[④]

安布罗斯拥护新柏拉图主义，他的哲学老师马略·维克多林曾翻译过新柏拉图主义者的著作和波菲利的《导论》。安布罗斯的许多作品中都包含柏拉图理论，如在《艾萨克·韦尔的灵魂》中[⑤]，出现了柏拉图在《理想国》中提出的"我们里面的人"这一概念，这正好与保罗在《罗马书》中提到的"里面的人"遥相呼应。[⑥]

虽然一开始看起来有点矛盾，但是首位拉丁作家——圣·奥古斯丁，作为至高的基督教徒及拉丁教父，他在评论中认为，柏拉图的宇宙理论十分重要。奥勒留·奥古斯丁（圣·奥古斯丁）于公元354年

① Nauroy，Combat

② Madec，Philosophie

③ Madec，Philosophie，316 ff

④ Dörrie，Mysterium

⑤ Madec，Homme

⑥ To the Romans，7：22

出生在北非。[1] 他精通拉丁文学，后来通过西塞罗的《霍腾修斯》，转向哲学研究。奥古斯丁不懂希腊文，所以，仅通过拉丁文的翻译很难理解希腊作品的思想。[2] 公元 383 年，他到罗马游历，一年后又来到米兰并在那教授修辞学。通过新柏拉图主义和柏拉图肉灵统一的理论，他转信基督教。【152】奥古斯丁将柏拉图思想看作一个概念世界，在这个世界中我们通过感觉感知真理（超乎物质）和物质。公元 386 年，他创作了《忏悔录》，其中参考了使他信仰基督教的柏拉图的理论和思想。[3]

同一年，奥古斯丁开始创作自己的对话，比如《自由意志》，在这篇对话中，他指出了基督教和新柏拉图主义之间的关联因素。我们无法在他的作品中找出他关于哲学、科学或者世界起源的理论，因为他所关心的是“存在”的最高层次。奥古斯丁写了一篇名为《论理念》的作品 [4]，阐述了柏拉图的理论：“已经被创造或即将被创造的话语，都包含在神圣的奴斯里面。除此之外，一切都不是持久的和永恒的，它们可以在神圣的奴斯中发现。柏拉图将这种存在的最主要的原因称为‘理念’（‘相’）。它们不仅是‘理念’，它们还是真理，因为它们是永恒不可改变的，所有的存在都通过参与‘理念’。”

从圣·奥古斯丁的这段引言，以及同时期柏拉图的作品中可以看出，当时出现了一些布道，呼吁要征服真理，因为真理高于其他一切世俗之物。

圣·奥古斯丁在暮年之时，完成了大量与基督教教育和文化相关的作品。在《论基督教教义》中，他试图重审人文科学的教育体制。[5]【153】奥古斯丁的目标是使基督教徒像理解弥赛亚文章一样理解《圣

① Brown, Augustine
② Testard, Augustin- Cicéron
③ Courcelle, Confessions
④ PL, XL, 30
⑤ Albrecht, History, II, 1953-58

经》，同时，使其成为引导他们走向智慧的火炬：intellige ut credas。

从 4 世纪末起，基督教的教育就使用了与古希腊罗马教育不同的教学材料——《圣经》，并使其成为授课的“圣典”。对于普通修道士和文盲信徒来说，这本神圣的书籍的确很难理解，因为它包含许多象征和比喻，并且需要多方面的解析。正因为如此，教会的传教士编纂了一部带有评论和解析的简单版本，但却与《圣经》相去甚远。

与基督教教育体系的发展比起来，四位西方智者却努力使古代文学文集和教育延续下来：波伊提乌（480—524 年），卡西奥道路斯（480—573 年），赛维亚的伊西多尔（576—636 年）和圣·比德（673—735 年）。然而，只有波伊提乌成功地将柏拉图传统中最基本的因素运用到自己的作品中。

古代教育的先锋

【154】安东尼乌斯·曼利厄斯·塞维里努斯·波伊提乌出生在意大利北部的一个贵族家庭，当时这里还处在哥特人的统治之下。[①] 他受过良好的教育，并且语言天赋极高，为了证明柏拉图和亚里士多德具有共通之处，他立志要将这两位哲学家的所有作品翻译成拉丁文，但这个愿望并没有实现，因为后来他被狄奥多里克软禁。但波伊提乌还是完成了对亚里士多德的《范畴篇》和波菲利的《亚里士多德范畴篇导论》(《导论》) 的翻译，同时，还根据卡奇迪乌斯的拉丁版本翻译了《蒂迈欧篇》。[②]

在波伊提乌的作品中，《哲学的慰藉》占据了特殊地位。[③] 这部作品对希腊哲学传统和希腊哲学家们如何处理神话寓言做了明确阐

① Patch，Tradition

② Solmsen，“Organon”

③ rhein，Consolatio

述，它的读者群体广泛，囊括了所有社会阶层和具有不同思想体系背景的人。[①]

在介绍这篇作品之前，我们要指出的是，《哲学的慰藉》是许多主题的来源，包括11世纪以后欧洲所有的民族语言所参考或者研究过的主题。因此，它是一座连接柏拉图思想的桥梁。[②] 例如，英格兰阿尔弗雷德大帝是最早将其翻译成英语的人，早在9世纪，他就曾将大格里高利的《田园曲》、波伊提乌的《哲学的慰藉》以及《蒂迈欧篇》都译成了盎格鲁－撒克逊语。[③]【155】诺特克三世拉贝奥在圣·加仑著名的修道院中修道[④]，他将《哲学的慰藉》译成古高地德语，而马克西姆斯·普拉努得斯则将其译成了希腊语：Παραμυθία τῆς Φιλοσοφίας。[⑤]

在文学形式上，这部作品继承了梅尼普式的讽刺风格，它共包括五个章节，隐晦地表露出柏拉图的思想。它是拟人化的哲学和被不公正处死的人之间的"对话"（柏拉图的《斐多篇》中的场景）。

在第一章中，"哲学"作为一个风韵犹存的大龄女子（即在柏拉图的《克里同篇》中出现的狄奥提玛）出现在波伊提乌的牢房中。这个囚犯向"哲学"哭诉，力证他是清白的，"哲学"建议他不要因为自身权力和财产的丢失而责备命运，因为一个有智慧的人不会在乎这些身外之物。波伊提乌在向"哲学"的《辩解书》中驳回了缪斯，就像柏拉图驳回《理想国》中的这首诗一样：

当然如果柏拉图的缪斯说出了真理，那么每个人就会发现他在潜意识里唤起了记忆。[⑥]

---

① Sulowski，Sources

② Vyver，Traductions

③ Payne，Alfred

④ Schröbler，Notker III

⑤ Papathomopoulos，Paramythia

⑥（line 35）

在第二章中，作者详细阐述了命运女神（堤喀）以及她可以不断为人类带来的变化。【156】这一章还对征服美德的恒久稳固的价值和在柏拉图对话录及《申辩篇》中出现的苏格拉底的理想做了总结。在第三章中，波伊提乌表示支持如下理论：为获得美德，神使用的语词是“alpha”和“omega”。最后一章，他讨论了柏拉图关于“非存在”的观点，并就邪恶的本质提出问题：“非存在”是什么样子？作恶的乐趣是否会转瞬即逝？作恶之人是否会躲过正义的惩罚？

或许是因为受过数学教育，波伊提乌还是一个在贯彻教育方法方面的权威。和柏拉图一样，他也认为四门学科（算术、几何、天文、音乐）是哲学的垫脚石。

伊西多尔生于西班牙塞维利亚的卡塔赫纳[①]，在塞维利亚的教堂学校里学习和文学艺术有关的课程。他精通希腊语、拉丁语和希伯来语，渴求建造一座罗马文学的“方舟”，以使它长盛不衰，永不枯竭。因此，伊西多尔编纂了一部百科全书，名为《词源》。这部作品的素材并不是取自原作，而是选集和文摘。[②]【157】因为当时卡奇迪乌斯的译作和评论在西班牙广为传播，所以伊西多尔十分熟悉《蒂迈欧篇》，尽管他在《词源》中并没有提及这些评注。[③] 伊西多尔坚信通过拉丁文和希腊文中的词根，可以探索存在事物的本质。因此，在涉及“偶像崇拜者眼中的哲学”这一论点时，他参考了灵魂的不朽以及造物主等观点，并借鉴了柏拉图的理论（即《蒂迈欧篇》）。[④]

希腊语教育的中断

波伊提乌和卡西奥道路斯是 6 世纪以后最后一代讲希腊语的人，

① Díaz，Isidoriana

② Barney（et alii），Isidore

③ Huglo，Réception，5

④ Fontaine，Culture

在他们以后，在阿尔卑斯山以北的地区出现的文学作品表明，希腊语教育在意大利已经开始走下坡路。同时，希腊语在西班牙、英国和爱尔兰也销声匿迹。在意大利，即使作为康士坦丁堡的大使，教皇格里高利也并不懂希腊语。[①] 自7世纪以后，在拜占庭总督辖区拉文纳，已经几乎找不到一个可以使用希腊语与康士坦丁堡法院进行交流的官员了。[②] 在这种情况下，柏拉图思想在欧洲大陆传播的出发点也就无从谈起。即使我们有许多加洛林王朝时期（8世纪以后）修道院图书馆中的手稿目录，【158】也仍未发现任何柏拉图对话录的抄本。无论如何，可以确定的是，教会的重要人物，如图尔的圣格里高利，对希腊丝毫不了解，普瓦捷主教福图内特斯也承认他从来没有听说过柏拉图和亚里士多德。[③] 或许唯一的例外就是，一个科尔比修道院中手稿的目录，这份没有明确日期的目录，在公元657年，由巴蒂尔德女王发现，它包含一个词汇表（希腊语和拉丁语的词汇）[④]，还有波伊提乌对波菲利的《绪论》的评注以及卡西奥道路斯对柏拉图《蒂迈欧篇》的翻译。[⑤]

如果我们将柏拉图作品的注释和两部试图翻译《蒂迈欧篇》的作品综合起来考虑，就会发现，在中世纪，柏拉图不仅仅被视为是《理想国》和《法律篇》的作者，他还被以科学的标准看作创作的"解释者"，因此，出现了许多关于《蒂迈欧篇》的评论和注释。例如，西塞罗的《国家篇》的拉丁文版本。这部著作中描述了国家的理想状态，后来马克洛庇在作品中引用了它关于政治家的美德以及灵魂的不朽的摘录。

① Steinacker，Kirche

② Angellus

③ Delaruelle，Connaissance

④ Staikos，Library IV，188-205

⑤ Delisle，Recherches

亚略巴古狄奥尼修斯的独特思想

【159】狄奥尼修斯[①]（在15世纪被发现这是笔名 nom de plume）是一位希腊基督教作家，他对西方思想家和神学家有着举足轻重的影响。狄奥尼修斯在创作时使用希腊语，其作品流行于公元500年左右。他在作品中呈现了一个于公元1世纪中期在雅典的战神山（阿雷奥帕古斯山）被使徒保罗感化的人。早期受柏拉图思想影响的作家们，如拿先斯的格里高利[②]，他们的作品给狄奥尼修斯很大的启发，他还从新柏拉图主义者普罗克洛那里借来了"流溢说"的概念，并使其与基督教信条相适应。12世纪以后，西方思想家们开始系统地接触到狄奥尼修斯的文集，尽管早在9世纪，它们就已经被约翰内斯·斯科特翻译成了拉丁文。他在作品《天阶体系》和《教阶体系》中的"阶层"观念具有很大影响力。[③] 这种"阶层"像是一把梯子，各种生物可以根据等级进行划分，接受神的教导，并且将教导传递给比自己等级更低的生物。总的来说，狄奥尼修斯在作品中为柏拉图的理念论奠定了基础，并表明他所展现的双宇宙存在于认知和感知世界的区别之中：理念世界和阴影世界。

查理曼大帝时代：教育改革

【160】与拜占庭比起来，6世纪和7世纪时期的西欧在研究上并没有显著提升。这主要归咎于修道士圈子所提供的教育措施十分薄弱。之后，这种状况开始改善，因为在查理曼大帝的倡议和查理曼大

① Dionysius 是托名《新约使徒行传》中雅典的 Dionysius，实际大概是公元500年左右，与 Boethius 同期。——中译者注。

② Luscombe，Medieval，23-28

③ Dionysiaca

帝的老师阿尔昆的参谋之下，通过了一部律法，规定在每所教堂都应为神职人员建立学校。[①] 阿尔昆建议法兰克国王实行他提出的教育改革，在教育中重拾七门自由艺术的科目。[②] 随着学校的建立和新的教育基地的运作，卡西奥多罗斯、波伊提乌和圣·奥古斯丁的作品开始被纳入课程之中。阿尔昆希望能够系统地将古代精神和基督教的虔诚联系起来，并将七门科目比作撑起基督教智慧教堂的支柱。

从 9 世纪中期到欧洲大城市中各大学式学校的建立（13 世纪早期），比较杰出的人物是诺曼人威廉·孔什（1085—1154 年）。他的老师沙特尔是学校中一位颇有名望和成就的人——伯纳德斯。孔什专心研究建立在柏拉图的理论、古代神话以及《创世记》基础上的学科——宇宙学。孔什的作品可以追溯到 1120 年至 1150 年，其作品中还包括对波伊提乌的《慰藉》和马克洛庇对西塞罗的《西庇阿之梦》注释的评论。[③] 【161】孔什还评注了卡奇迪乌斯拉丁文版的《蒂迈欧篇》，以及其他两篇作品：其中，一篇是《哲学的世界》，另一篇是《自然哲学》或《关于物质实体的对话》。[④] 在解读《蒂迈欧篇》的过程中，孔什感知到他正在接近一种比"创世"这一理念更加重要的解释，而它显然和《创世记》中给出的解释不同。[⑤]

孔什仔细研究在《蒂迈欧篇》中阐述的四大元素，并试图在柏拉图思想的基础上解释天体的产生和生物的进化。[⑥] 然而，《蒂迈欧篇》中都是解释性的话题，特别是与宇宙精神相关或不太相关的概念。孔什并没有将柏拉图的理论和基督教关于圣灵的教义相提并论。毋庸置疑，他相信柏拉图的理论有一个理性基础。

---

① Wallach，Alcuin

② Roger，Introduction

③ Parent，Doctrine

④ Maurach，Mundi

⑤ Gratarolus，Dialogus

⑥ Luscombe，Medieval，59

欧洲大学中的柏拉图

公元 12 世纪，将哲学作为学科门类的大学开始在意大利和法国的各大城市中发展起来。然而，这是一个“多疑”的时代，教堂毫不放过任何批判希腊哲学思想和理论的机会。【162】罗马教廷第四次拉特兰会议于 1215 年在巴黎举行，会议规定禁止教授亚里士多德的自然哲学，甚至将他的书籍和抄本全部烧毁。

就对古代哲学的教育程度来讲，欧洲的学术中心仍旧匮乏，而当时一位来自卡拉布里亚的学者对“柏拉图对话集”的传播作出了重要贡献[①]，他就是阿里斯提波。比起中世纪西方的经院哲学，他更倾向于拜占庭的学术传统。阿里斯提波担任卡塔尼亚的副主教，并代替巴里的马尤海军上将成为三大巨头之一。阿里斯提波在康士坦丁堡执行任务时（1158—1160 年），拜占庭国王曼努埃尔一世将一份托勒密的《天文学大成》抄本交给他。[②] 阿里斯提波精通希腊语和拉丁语，并对卡拉布里亚修道院图书馆中的书籍了如指掌，特别是那些在圣萨尔瓦托雷修道院中的书籍。[③] 这所特殊的修道院十分富有，因为出生于卡拉布里亚的斯库拉里斯（或萨巴斯）（1050—1130 年）曾赠给他很多珍贵的银制仪式容器以及他在康士坦丁堡时所收集的 300 部抄本。虽然我们没有斯科拉里奥斯收藏的书籍的目录，但是，根据阿里斯提波的判断，【163】它囊括了欧几里德的作品（《光学》），亚里士多德和普罗塔克的作品，阿那克萨戈拉的作品（可能是《努斯》）以及一部柏拉图对话录的抄本。

约 1156 年以后，应西西里国王威廉的要求，阿里斯提波开始对

---

① Falcandus，Tyrants

② Matthew，Kingdom，118

③ Staikos，Library III，292-293

《费多篇》、《美诺篇》，以及第欧根尼·拉尔修的《名哲言行录》和拿先素斯的格里高利的“scriptura minora”的翻译。[①] 这些翻译作品并没有被保存在卡拉布里亚的修道院图书馆中，而是通过一些我们无法获知的途径，到达罗吉尔·培根的手中，并被法国大学中的教授所拜读。可以确定的是，在索邦大学图书馆中，就有它们的抄本。[②] 来自帕多瓦的法官杰里米·德·蒙塔吉（Jeremia de Montagone）和来自威尔士牛津的方济会修士约翰都曾参阅过这部抄本。他众多著作中都曾引用过阿里斯提波翻译作品中的摘录，而且彼特拉克、科卢乔·萨卢塔蒂和多梅尼科佛罗伦萨站的百科全书式学者都曾对这些翻译作品有所了解。阿比维尔·热拉尔是托玛斯·阿奎那和索邦神学院的博纳文图拉的对手，他拥有阿里斯提波对《美诺篇》、《费多篇》的翻译抄本和卡奇迪乌斯翻译的《蒂迈欧篇》，后来，他将这些作品赠予给了大学中的图书馆。[③]

12 世纪早期，巴黎学术界为定义“共相”的本质而引发了争议，由这场争议开始，阿伯拉尔登上历史舞台。【164】阿伯拉尔激烈地抨击了其老师威廉·香浦对于哲学问题的唯物主义论断，同时，在自传——《我的苦难史》中表达了他对上一个导师所在的圈子的不满。[④]

阿伯拉尔对探究事实、认知和语言之间的关系十分感兴趣，而且他不被传统逻辑禁锢，并指出辩证法在权衡一些关于神的异议中扮演着十分关键的角色，而这些早已被揭露的异议被认为是出于信仰而发出的。他还在作品《神学》中仔细审视并分析了这些问题。[⑤]

在阿伯拉尔众多的作品之中，有两篇是关于道德哲学的，一篇是与德尔菲神庙名言“认识你自己”相呼应的《认识你自己》，另一篇

① Batiffol，Rossano，XXXV
② Batiffol，Rossano，XXXIV
③ Klibansky，Continuity，29
④ Monfrin，Historia
⑤ Buytaert-Mews，Opera

是《哲学家、犹太教徒和基督教徒之间的对话》。[①] 此处，我们对这篇对话较为感兴趣，它涉及关于理解至善和至恶的问题，后来成为不同“流派”三大代表之间的公开反对立场。在这部作品中，阿伯拉尔还引用了像圣·奥古斯丁等早期思想家的观点，但在此处，他真正的目的是缓和哲学家和基督教之间的关系。[②] 神是通过圣经和圣子的本质被表现出来的。【165】柏拉图对话录在一定程度上是以对美德的定义、实现善良的优势以及通向邪恶的弱点为基础，同样，在新柏拉图主义者和波伊提乌的作品中也参考了这些观点。

在最后一次分析中，阿伯拉尔力图证明古代哲学家对神的存在有一定了解，并且在仔细解读《蒂迈欧篇》之后，可以看出，它在一定程度上与基督教关于“三位一体”的教义相一致。[③]

我们普遍认为，从 12 世纪、13 世纪之交至 15 世纪末期，那些首先成立于意大利和法国的欧洲大学并没有系统性地教授柏拉图思想，但是，巴黎大学艺术学院就是一个例外，这一点已经由约翰内斯·德·加兰所证实。[④] 据加兰所言，当时（1234—1250 年）的大学不仅教授雅典在学术领域所取得的成就，还教授柏拉图、亚里士多德以及伽伦的作品。加兰的言辞又被巴黎大学中的一部教科书（《问题》）所证实，这部教科书流传了下来，其中包含威廉·孔什对《蒂迈欧篇》的评注。

13 世纪中期，在大学领域发生了两件大事：一件是巴黎的大学排挤柏拉图，开始研究亚里士多德。【166】另一件是由阿拉伯人创作的哲学作品被翻译为拉丁文后，开始了在欧洲的传播。作为哲学思想的指路明灯，亚里士多德可能已经成为中世纪文学作品中的主宰，其中，这些文学家有托马斯·阿奎那、西格尔，以及其他的多米尼加神

① Thomas，Dialogus

② Luscombe，Medieval，52

③ Luscombe，Medieval，56

④ Klibansky，Continuity，61

学家等。无论如何，虽然是以注释的形式，但阿拉伯人的哲学作品是传播当时还仍不为人熟知的柏拉图对话录（如《理想国》）的重要工具。即使如此，《蒂迈欧篇》仍然是巴黎乃至牛津的教授团体的兴趣核心，尼古拉斯·特里维特就是其中一员。尼古拉斯·特里维特活跃于1300年左右，他曾抄写过附有孔什评注的《蒂迈欧篇》，而这部作品又再一次启发了一位匿名评论员。

当法国的大学教育飞速发展之时，出现了一个杰出人物——大阿尔伯特（阿尔伯图斯·马格努斯），他认为柏拉图和亚里士多德这两位希腊哲学家相互补充，各有所长。[①] 大阿尔伯特创作了两部百科全书式的大部头著作：一部阐述了亚里士多德全集，另一部是《神学大全》，名为《论创造》。从他的作品中可以推断出，大阿尔伯特在做关于哲学的研究时，曾拜读过其收藏的卡奇迪乌斯翻译的《蒂迈欧篇》。[②]【167】因此，在阐述《理想国》和《蒂迈欧篇》时，大阿尔伯特采用的方式与12世纪之后这两部作品的注释家所采用的方式完全一致。据大阿尔伯特所言，一个人只有通过阅读柏拉图和亚里士多德的作品，才有可能获得最完备的哲学知识："你只能通过了解柏拉图和亚里士多德的哲学理论，才能在哲学中达到至善。"

中世纪西方的《巴门尼德篇》

中世纪时期，《蒂迈欧篇》几乎垄断了对柏拉图哲学思想学习的全部。然而，从15世纪早期开始，对柏拉图思想的传播作出决定性贡献的人是特拉布宗的乔治，他曾翻译过《巴门尼德篇》和《法律篇》。

的确，中世纪的学术群体中，人们对《巴门尼德篇》知之甚少，即便如此，在一位匿名的作家针对波伊提乌的作品所写的评论《论

① Libera，Albert

② Klibansky，Continuity，61-62

三位一体》中，偶尔会引用《巴门尼德篇》的内容。[①] 这篇作品写于1148年后不久，创作背景为“一”和“多”之间的争论。这位匿名的注释家参考了一种或者多种形式的存在理论，而柏拉图早就在《巴门尼德篇》中证明过该理论。这位作家指出，《蒂迈欧篇》的主题关乎本质，而《巴门尼德篇》的内容则上升到一个更高的层次，“源于纯正的知识”。【168】至于这些评论是否关乎杨布里科和普罗克洛的新柏拉图主义，那就要另当别论了。可以确定的是，如果一位中世纪的教师本着认真负责的态度想要更多地了解《巴门尼德篇》，那他必须要参阅马克洛庇（萨图纳利亚）和奥鲁斯·盖留斯的作品。

中世纪时期的这种对《巴门尼德篇》的警句式的摘录，在1286年之前不久发生了彻底的变化，而正是在同一年，多米尼加的一位修士——威廉·穆尔贝克，将普罗克洛的《〈巴门尼德篇〉评论集》翻译成了拉丁文，并将其作为自己著作——《柏拉图神学》的一部分。据英国的一位学者在相应的抄本中的记载：从《巴门尼德篇》中柏拉图的神秘思辨，可以推断出穆尔贝克的翻译作品曾在当时哲学界引起了轰动。[②] 在其翻译的普罗克洛的作品中，穆尔贝克试图对基本教义进行系统分类的《神学要旨》影响最大。14世纪时创作的带有对《论〈巴门尼德篇〉》的评论的手稿成为了中世纪思想家的重要参考作品。其中，多米尼加的伯特霍尔德就是这些思想家中的一员，他在对“创造世界的主宰”的颂歌中写道：“毋庸置疑，根据普罗克洛所言，在《巴门尼德篇》诞生之前的世界，不过是一个存在着各种生物的多余之地。” [③]

【169】14世纪前期，谣传有一个《巴门尼德篇》（柏拉图的《巴门尼德篇》）的拉丁文版本。这一判断出现在梅赫伦的亨利·贝特的

① Klibansky，Parmenides，1-2

② Bodleian，Digby 236

③ Klibansky，Parmenides，7

文章《论知识分子的统一性和柏拉图理念论学说》中。[①] 但是，这个判断是基于对穆尔贝克所翻译的《论〈巴门尼德篇〉》第一部分的错误分析，所以也是不准确的。从穆尔贝克在1286年所写的评注，到由特拉布宗的乔治所编写的这个对话的完整翻译，中间的时间跨度有几十年之久。

民族文学中的柏拉图

柏拉图的思想不仅在大学学术群体和拉丁语的作品中广泛传播，甚至在用民族语言创作的文学作品中也有体现。这种现象一直延续至公元15世纪，其中，在法国文学中最为明显。[②] 最具特色的例子就是家喻户晓的民谣《玫瑰传奇》。这部小说约于1273年由基洛姆·德·洛利斯创作。[③] 他通过虚设的场景和寓言中的英雄角色，教给人们“爱的艺术”。洛利斯尚未完成这部作品，后续由让·德·梅恩在大约四十年后创作。[④] 以这部作品为起点，【170】默恩编纂了一部哲学对话录，其中参考了柏拉图在《蒂迈欧篇》中提及的“创世”，并借鉴了卡奇迪乌斯的翻译和评论。

Qui meauz de Deu parler osa,
Plus le prisa, plus l'alosa,
Qu'onques ne fist nus terriens,
Des philosophes anciens.

13世纪时，一位匿名作家（或许是让·博内）创作了一篇对话形式的浪漫小说——《里弗德的秘密》[⑤]，其中，对柏拉图的描写具有十

① Birkenmajer, Briefe

② Shorey, Modern

③ Badel, Roman

④ Pisan (et alii), Débat

⑤ Thomasset, Secrés

分重要的意义。这部作品描述了哲学家蒂迈欧和他的学生普拉西多氏之间的对话。普拉西多氏是国王之子，精通关于自然界、科学和人类学的知识。在《里弗德的秘密》中，柏拉图被认为已经达到了人类知识的巅峰，因为他第一个教育人们如何在一个治理良好的国家要做一个有作为的人。《里弗德的秘密》的匿名作者对其主要来源所做的证言甚至更为重要，哥提耶·德·梅斯发表的 *La Figure du monde*（mage du Monde）就是其中之一。在这部作品中，柏拉图被称为“智慧的柏拉图”，还被冠以“哲学王子”的称号，而亚里士多德则充当了他的“秘书”一职。

除了法国文学，在其他欧洲国家的文学作品中，也能找到柏拉图传统的因素。【171】例如，英国诗人杰佛利·乔叟通过波伊提乌的《哲学的慰藉》开始了解柏拉图[①]，同样，理查·德·伯里也从其中提取了观点和理论，并将其用于他的作品《书林季刊》中。在谈及柏拉图对民族文学的影响时，不得不提英国诗人埃德蒙·斯宾塞，他创作的《天才》，也称《精神解剖》，这是一部伟大的作品。在他细腻的爱情诗歌中，《四首赞美诗》和《颂歌一首：以神圣之美的名义》表达了文艺复兴时期佛罗伦萨学院中的柏拉图主义。

① Shorey, Modern, 175-176

文艺复兴

静修者争论中的主角

【172】从14世纪早期开始，在小亚细亚半岛（如今属于土耳其）上，亚陀斯半岛发展成为拜占庭最重要的修道活动中心。这种渴望余生脱离世俗生活，探寻至纯至圣的想法在远离尘嚣的修道院中找到了归宿。正是在这个时期出现了静修主义，这是一种旨在通过内心祈祷来达到通神目的的教义。这种教义由活跃于安德罗尼柯二世（1282—1328年）统治领域内锡奈特的格里高利传播。安德罗尼柯二世逝后不久，来自希腊南部塞米纳拉卡拉布里亚的巴拉姆游历至康士坦丁堡，意图学习亚里士多德作品的原著。[①] 他博览群书，哲学和历史知识渊博，成为首位创作关于斯多葛伦理学的著作的学者。【173】后来，巴拉姆去了帖撒罗尼迦，并在那里接触到静修主义。[②] 但实际上，由于他歪曲了这一主义，从而引发了静修士的争辩，并最终在教义层面上受到了大主教的批判。然而，此处我们最感兴趣的还是巴拉姆两方面的观点：一是如何获得作为达到“神圣”的先决条件的科学知识；二是他的观点在多大程度上参考了毕泰戈拉、柏拉图以及亚里士多德

① Impellizzeri，Barlaam

② Beck，Palamismus

的思想。[①]

后来，静修主义者引发了柏拉图和亚里士多德支持者之间的争论，这场争论以哲学为开端，却以神学终结。格里高利·帕拉马斯是静修士的首领[②]，他谴责巴拉姆的支持者及亚里士多德的理论学说，而后者曾指责帕拉马斯及其追随者们试图重建柏拉图学说的活动。[③]巴拉姆带着满是书籍的行李来到帖撒罗尼迦，“囊括了所有其他人的以及我们自己的哲学知识”[④]（ἅπασαν γνῶσιν τῆς θύραθεν καὶ τῆς καθ 'ἡμᾶς φιλοσοφίας）。巴拉姆的论述以柏拉图式风格著称，并且从他对《蒂迈欧篇》、《斐多篇》、《巴门尼德篇》以及《理想国》等的频繁引用可以很明显地看出，他收藏了柏拉图对话录的全集。[⑤]

希腊语在意大利教学活动的开端

【174】在拜占庭帝国开始希腊语教育时，14 世纪中期的意大利也出现了零零散散的希腊语教育活动，同时，这里的学者也开始致力于将希腊文学作品翻译成拉丁文，比如荷马的《伊利亚特》、欧里庇得斯的悲剧作品以及柏拉图对话录等。彼特拉克（1304—1376 年）1342 年在米兰旅居时，成立了一个文学团体，而这项计划就是由这个团体最先发起。[⑥]他们在哲学活动中所使用的基本工具，就是收藏的珍贵的意大利文人和诗人作品。这些作品大多由拉丁文创作，也有一部分希腊语原著。彼特拉克是一个柏拉图主义者，他曾严厉批评过

① Shirò，Βαρλαάμ

② Meyndorff，Palamas

③ Staikos，LibraryV，38-39

④ Shirò，Βαρλαάμ，7

⑤ Fyrigos，Barlaam

⑥ Nolhac，Pétrarque

傲慢的阿威罗伊和亚里士多德主义者[1]，责备他们完全忽视了柏拉图的思想，但也不想在这些人身上浪费时间。[2] 彼特拉克曾扬言道“我在家里有十六部甚至更多柏拉图的书籍”。[3] 彼特拉克肯定“阅读”过主教巴拉姆藏书室中的柏拉图对话录，而且他们在阿维尼翁相识之后（约 1342 年），巴拉姆还教过他希腊语。根据帕维亚塔图书馆中1426—1459 年的藏书目录可以得知，彼特拉克还收藏了一部柏拉图对话录的抄本。[4] 而在法国国家图书馆中收有一部附有卡奇迪乌斯对《蒂迈欧篇》的翻译及评论的手稿，【175】这部手稿同样属于彼特拉克，上面还有他写的笔记。无人知晓他是如何得到附有阿旦斯提波注释的《斐多篇》手稿的，并且这部手稿中还有他添加的评论。[5]

在彼特拉克时期，还有另一位来自意大利南部讲希腊语的游历学者，他的存在使整个意大利沉浸在人文主义氛围之中，这个人就是勒翁提乌斯·彼拉多。勒翁提乌斯·彼拉多在 1358 年第一次遇见彼特拉克后，随即加入了他的小圈子，同意将《伊利亚特》译成拉丁文，并开始在佛罗伦萨系统地教授希腊语。[6] 毋庸置疑，翻译好古希腊作品，一个藏书丰富的图书馆是先决条件，还要有原作以及其他参考文稿，如海西吉乌斯的《词汇学》和《大语义字典》，而这些书籍都在彼拉多的私人藏书中。

然而，可以确定的是，拜占庭学者曼纽尔·克莱索洛拉斯系统研究了柏拉图在西方的传播。[7] 1397 年，他也曾因此受邀到佛罗伦萨所谓的官方“工作室”执教教授希腊语。品格优秀的亚诺河城市大臣科

① Staikos，Library V，33-38
② Ricci，Ignorantia
③ Ullman，Favorite
④ BN. cod. lat.6280A
⑤ BN. cod. lat.6567A
⑥ Pertusi，Leonzio
⑦ Cammelli，Crisolora

卢乔·萨卢塔蒂，作为一名人文主义者，首先倡议在意大利传播和教授希腊语。[①] 为履行他的教学任务，克莱索洛拉斯创作了一部学习希腊语语法的书籍——著名的《希腊文基础语法》。[②] 他不仅教授希腊语，还包括他所认为的将希腊语作品翻译成拉丁文的正确方法。【176】因此，为达到目的，克莱索洛拉斯需要一些适当的辅助，也就是希腊语书籍。为帮助他，萨卢塔蒂通过多种途径从东方收集了一些手稿。雅格布·安杰洛·德拉·斯卡尔佩里亚是里克莱索洛拉斯的学生，他曾在1396年陪同老师一同来到康士坦丁堡[③]，萨卢塔蒂督促他："你要注意，没有历史学家会躲得了历史发现，没有诗人或作家会被探索秘密的人忽视，同时也要注意我们对经典诗文的获取。为了完善我们的收藏，我希望你能带着你所有柏拉图作品和尽量多的词典编纂者，并确保将普罗塔克和他的作品带来，尽你所能买到荷马的带有清晰脚本的羊皮卷作品，以及任何你能找到的神话书籍。购买书籍的钱将会由瓦诺莎·比利奇的同事报销。另外，曼纽尔可能手头不太宽裕，希望你代我向他提供一些帮助。我既是你的父亲，又是你的朋友，我将和你的母亲、继父、表兄妹、朋友尼科尔和罗伯特斯一同焦急地等着你。"

萨卢塔蒂是一位颇具能力的政治家，也是一个古希腊罗马文化传统作品的热情读者。他不是希腊人，却致力于抄写一部阿里斯提波翻译的《斐多篇》手稿以及他经常参考的带有卡奇迪乌斯注释的《蒂迈欧篇》。[④]【177】目前这部抄本收藏于梵蒂冈图书馆，另有一部相同的

① Ullman，Humanism

② Pertusi，《Ἐρωτήματα》Erotemata Civas Questiones，是当时西方第一本希腊文基础语法，自 1484 年初版后广为翻印。这本语法不仅在佛罗伦萨他的学生里，而且在后来的人文主义者中间都取得了成功。——中译者注

③ Novati，Epistolario

④ Klibansky，Continuity，32

抄本存于维也纳图书馆中。[①]

克莱索洛拉斯在佛罗伦萨定居之后，必定也带去了他在康士坦丁堡的部分藏书。但我们不知道这些藏书是否包括柏拉图对话录的抄本。[②] 根据克莱索洛拉斯的学生维斯帕西安略·达·比斯梯西所言，佛罗伦萨的一位贵族成员帕拉·斯特罗齐（1372—1462 年）组织了一次到希腊的特殊访问，不遗余力地收藏希腊手稿。其中，这些抄本包括托勒密的《宇宙学》、普罗塔克的《希腊罗马名人传》以及柏拉图的作品等。[③] 帕拉·斯特罗齐还得到了一部当时还未被西方知晓的亚里士多德的《政治学》，这部作品在康士坦丁堡购买到[④]，希望克莱索洛拉斯的优秀学徒勒欧纳多·布鲁尼能将其翻译成拉丁文。1462 年，帕拉·斯特罗齐去世后，根据他的遗愿，他的藏书室中的抄本被分与家庭成员，在遗愿中他还特别强调了一些作为传家宝的书籍，比如托勒密的《天文学大成》和柏拉图的对话录等。

有资料记载，克莱索洛拉斯的学生乔凡尼·奥里斯帕（1369—1459 年）作为康士坦丁堡希腊文学的爱好者[⑤]，曾为意大利带来了柏拉图所有对话录的抄本。奥里斯帕回到故乡时，至少带回了 288 部抄本，包括柏拉图的“对话集”、普罗提诺的《九章集》以及普罗克洛的作品等。

【178】前面我们已经提到过，克莱索洛拉斯在讲课中，还教授将希腊作品翻译为拉丁文的正确方法。他反对逐字翻译，提倡译者应尽量尊重作者的想法，忠实于原作的风格和措辞，只有在必要的时候或者出现语言特殊现象时才能采用修饰手法。[⑥] 例如，在将作品翻译为

① cod. lat. 2063 cod. vindob. lat. 278

② Staikos，Library V，7，44，45，48-49

③ Fischer，Claudii

④ Fiocco，La casa

⑤ Bigi，Aurispa

⑥ Cammelli，Crisolora，90 ff

拉丁文过程中，译者首先要确保忠实原文，其次，要使用适当的措辞传递文章的思想，这样，才能为读者再现一篇完整的作品。克莱索洛拉斯将这种方法称为“思想传递”。[①]

柏拉图作品的拉丁文翻译

布鲁尼是首位呼吁使用这种翻译方法的人，该方法主要针对的是柏拉图的对话录，特别是《斐多篇》，他曾在一篇书信中详细介绍了这种方法的使用经验。[②] 布鲁尼指出，他一方面努力用尽可能最好的方式，另一方面尽量做到忠实于原文。另外，他还幽默地补充道：如果读者们不理解“神圣的柏拉图”，那只能是因为柏拉图本身的问题。为了避免那些恶意批评，他还声称，自己最开始的意图是想完善柏拉图的思想，好像柏拉图仍然在世并与他志同道合一样。【179】这本由布鲁尼抄写的柏拉图对话录手稿，很快就落到乌尔比诺斐德列克公爵手里，并一直流传至今。[③]

除了在佛罗伦萨担任教师，克莱索洛拉斯还是曼纽尔·帕列奥列格王朝的西方使节，他的任务就是缓和意大利侯国的消极局势，通过与西方的协调行动来遏制东方土耳其人的征战活动。因此，在1399年，他离开佛罗伦萨，一年后来到帕维亚并在那里继续执教。他的学生翁贝托·德琴布里奥后来成为意大利文艺复兴中最杰出的人文主义者，并在克莱索洛拉斯的帮助下将柏拉图的《理想国》翻译成了拉丁文。[④] 该信息来源于翁贝托的儿子皮尔·坎迪多在《理想国》中所著的序言，这篇序言还透露要将这部手稿交给格洛斯特的公爵汉弗莱。这部作品所采用的翻译方法十分复杂：克莱索洛拉斯首先将柏拉图对话

---

① Cammelli，Crisolora，91

② Kieszkowski，Platonismo

③ Veterani，Urbinate

④ Borsa，Candido，68

录翻译成拉丁文，然后德琴布里奥再将之编辑完善，使其更具说服力，最终才满足了克莱索洛拉斯的要求。[①] 措辞和思想方面，作品都忠实于原文，同时还迎合了拉丁文的语言使用特点。我们可以从翁贝托写给巴托洛梅奥·卡普拉的信中总结出，《理想国》的翻译过程，同样也是学习希腊语的实战演练。[②]【180】但是，克莱索洛拉斯的翻译原稿已经失传，而且德琴布里奥的参与也没有得到认可。

皮尔·保罗·韦杰里奥是克莱索洛拉斯的学生，他曾在佛罗伦萨讲堂中听过老师的课，并努力学习希腊语[③]，他在一封写给弗朗西斯科·扎巴莱拉大主教的信中表示：“我曾仔细阅读过修昔底德、柏拉图和荷马的作品，不得不承认，虽然我已经将《高尔吉亚篇》从头到尾读过两遍了，但是，其中仍有我不能理解的篇章。”另外，他还提到将会把这些作品寄给大主教，并表示对话录的抄本是从斯卡尔佩里亚那里得来的。

费拉拉–佛罗伦萨会议

15 世纪早期，费拉拉和佛罗伦萨（1437—1439 年）两个教堂先后举行了会议。对于拜占庭的思想代表们，这是他们第一次有机会与拉丁学者们交流，而这种交流不只涉及神学问题，还涉及哲学内容的理论和想法等。议会在佛罗伦萨举行，其中，普莱桑是比较著名的人物，这不仅是因为他为传播柏拉图思想而创作的作品对学院的建设具有启发意义，【181】还是因为他在西方第一次挑起了关于柏拉图与亚里士多德谁是第一位的问题的争论。

乔治·格弥斯托士更喜欢被称呼为普莱桑，他于 1355 年到 1360

① Ambros. I，104 sup. f. 13v –

② Borsa，Umanista，20

③ Smith，Epistolario，241-242

年出生并生活于康士坦丁堡，1452 年逝于米斯特拉斯。[①] 据说，他曾在康士坦丁堡听过犹太多神论者以利沙的课，还被规劝信仰过佐罗亚斯特教。结束了在故乡的学业之后，因其对教堂与国家之间关系的颠覆性观点，国王曼努尔二世·帕列奥列格要求普莱桑定居于米斯特拉斯（1407 年）。在摩里亚居住时，他创作了一部十分重要的作品——《法律之书》，这部作品零零散散地流传下来，书中普莱桑对代表理想国度的法律进行了讨论和定义。很明显，这部作品的标题是为了凸显其与柏拉图的《法律篇》之间的关系。[②]

在米斯特拉斯，普莱桑从历史的角度审查他周围崭新的环境。伯罗奔尼撒半岛是希腊贵族的摇篮，正如他写给曼努尔国王的便笺中所言“其实他们是……希腊人”（ἐσμὲν γάρ... Ἕλληνες）。不久，在普莱桑的吸引下形成了一个学术团体，这些学者们后来在涉及意大利希腊文学教育的相关问题中发挥了引领作用，在意大利文艺复兴中传播了柏拉图思想，并对人文主义思潮的形成作出了重要贡献。[③]【182】在米斯特拉斯的学校失败之后，贝萨里翁大主教以及西方最著名的柏拉图拥护者都先后“形成”了理智人格，我们将会在后面有所介绍。另一个在米斯特拉斯学习的人是德米特利·特利波莱斯，他是著名的书法家，拥有一个收藏柏拉图作品的豪华藏书室，为强调自己的出身，他喜欢别人称他“斯巴达的伯罗奔尼撒人”。[④]

尽管会议在进行的时候普莱桑在场，但他并没有正式参加，而是更喜欢在阿诺河畔漫步。和其他拜占庭人一样，他拒绝签署两教会联合的协约，并谴责那些为了政治私利而安于意大利学者的知识和学术现状的人。从恩尼亚·席维欧·皮可洛米尼（即后来的教皇尼古拉斯五世）的作品中可以看出，后来这些人中的一部分将目光放到了拜占

① Woodhouse，Pléthon
② Alexandre，Traité
③ Masai，Pléthon
④ Oleroff，Copiste

庭的过时作品上，并贬低作家们的学识。[1]

1438 年，当拜占庭还在费拉拉管辖范围内时，杰出的哲学历史研究者，来自西恩纳的乌戈·本齐出席了一场有双方学者参加的晚宴[2]，其中，包括曾在一次公开哲学讨论中对希腊人发起挑战的尼科尔·埃斯特侯爵。事实证明，本齐精通哲学，熟知雅典不同哲学流派，如学园派和逍遥学派，【183】并成功反驳了柏拉图和亚里士多德的所有观点。

普莱桑十分惊讶，问道："在完全未接触过柏拉图的理论和不理解亚里士多德的思想的情况下，整个意大利群体怎么敢评价这两位哲学家？"[3] 他接着说道："在我看来，这些人不仅没有做足准备工作，也缺少对哲学话题的敏感度。"普莱桑表示，本齐本人曾承认自己无法理解亚里士多德作品中的全部，为找出答案，他还向普莱桑寻求过帮助，也就在此时，普莱桑意识到了意大利人所采用的错误方法。

柏拉图主义者与亚里士多德主义者在意大利争辩的重燃

在佛罗伦萨期间，普莱桑至少参与了两个重要历史事件：一个是柏拉图与亚里士多德主义者之间的争辩，这场争辩中有意大利人文主义者；另一个是作为在亚诺河畔开设讲座的产物，梅第奇之城已经成为柏拉图主义和新柏拉图主义的教育中心。

将柏拉图主义者与亚里士多德主义者划分为两个哲学团体的导火索是普莱桑一篇题为《论不同》(《论柏拉图与亚里士多德的不同》)的作品。[4]【184】这部作品可能是他在米斯特拉斯和佛罗伦萨所讲课程的一个缩影，它对灵魂不朽以及各种物理现象做了解释，呈现了柏

① Cammelli，Crisolora，14-17

② Lockwood，Benzi

③ Cammelli，Crisolora，15-16

④ Lagarde，Differences

拉图和亚里士多德思想的差异。[①] 普莱桑认为柏拉图更胜一筹，从这一点他建议读者先阅读亚里士多德的作品，再阅读柏拉图的对话，正如我们在前面的章节所指出的，这是一条“寻根之路”。这场由一部作品引发的争辩一直持续到了 15 世纪末期，并产生了一种军事性哲学，它的主要参与者是希腊智者。但与此同时，它也为鼓励更多的学术团体参与纯哲学事物中来提供了绝佳的机会。

柏拉图思想地位的提升动摇了经院哲学的基础，而在神学上，亚里士多德被普遍认为是古代哲学与基督教教义的优秀搭桥者。普莱桑公开对经院哲学家们进行批判，特别是阿威罗伊（1126—1198 年）及其关于灵魂的错误观点。[②] 成书于 9 世纪的《亚里士多德神学》，这本书的作者可能是一位阿拉伯作家，它于 13 世纪广为流传，其中还展现了一些关于柏拉图理论的释义。此外，他还讽刺这些作家们的浅薄无知，却胆敢点评柏拉图的理论。

【185】乔治·斯库拉里斯精通亚里士多德哲学，坚决拥护亚里士多德对其他哲学家的优势，并对普莱桑的言辞进行了反驳。[③] 其后，普莱桑又写了一篇新的文章进行反击，并附带了两封他写给贝萨里翁大主教的书信。[④] 这一举动被认为是对亚里士多德的拥护者们发起的挑衅，所以一些哲学家组成联盟来共同反对普莱桑，这些哲学家包括意大利最著名的亚里士多德主义者——加沙的西奥多和安德罗尼柯·卡利斯图斯，还有特拉布宗的乔治和他的弟弟安德鲁，以及美狄亚的塞奥法尼斯。另外，迈克尔·阿波斯托莱斯、约翰内斯·阿尔吉罗波洛斯、尼科尔·佩罗蒂（皇家教廷大臣）以及乔瓦尼·安德烈·德·布西也开始为柏拉图辩护。同样是柏拉图主义者的大主教贝萨里翁决定充当仲裁者，调解双方的矛盾。也就是说，他尽力确保争论不会引起

① Bartzeliotis，Critique

② Alexandre，Traité，281

③ PG 160，605C，617B

④ PG 713-724，979-1020

过于极端的纠纷，并试图缓和那些可能引起极端纠纷的语言差异！但是，最后他被迫发行了自己的作品《反对柏拉图的诽谤者》(以最开始的发行版本《驳谤柏拉图》而为人知晓)。在这部作品中，他支持普莱桑，对祈求大主教将柏拉图列为基督教圣人之一的雅典哲学家们充满热情！

【186】约于公元1400年出生在帖撒罗尼迦的文学家——加沙的西奥多，在这场争辩中处于更加"哲学化"的立场。① 他创作《论命运》(Περὶ ἑκουσίου καὶ ἀκουσίου)的目的就是反驳普莱桑的教条主义观点，其采用的措施都是建立在相关语言问题之上的。② 加泽说道，对两位哲学家之间对立的评论都是毫无意义的，因为在深层次上，他们的思想是不谋而合的。为回应加泽，贝萨里翁创作了《论自然与艺术》，他在这部作品中试图证明这两位哲学家虽然语言风格不同，但是所表达的却是同样的事物。③ 另一位支持柏拉图的学者迈克尔·阿波斯托莱斯创作了一篇文章 *Ad Theodori Gazae pro Aristotele De Substantia Adversus Plethonem Obiectiones*。④ 但在这篇文章中，他运用无法登大雅之堂的言辞，阐释了柏拉图和亚里士多德两位哲学家的地位，并对加泽大加谩骂，甚至暗示了对亚里士多德的诟病。贝萨里翁认为迈克尔·阿波斯托莱斯此举不妥，但是他充满抚慰和解语气的措辞却使善辩的乔治不满。⑤ 乔治创作了《自然与艺术是否有意》(《Εἰ ἡ φύσις καὶ ἡ τέχνη βουλεύονται ἢ οὔ》)，希腊大主教又通过《对柏拉图的诽谤》这篇文章作出了回应。⑥ 紧接着，乔治写了《辩护》一文为经院哲学辩解，随后又创作了《对比柏拉图与亚里士多德》，其中

① Charta, I, 67-88
② Irmscher, Gazes
③ Mariev, Traktat
④ Powell, Michael
⑤ Garin, Platonismo
⑥ Monfasani, Trebizond, 156

他不仅以哲学家，更是站在一个人的角度，对柏拉图进行了恶意谴责！[①]

【187】德美特利·卡尔科康第拉斯作为贝萨里翁团体中的一员，是希腊教会时期博洛尼亚的教皇使节，他也加入了这场争论，而他的参与被认为有利于缓和这种恶意责骂的不良风气。尽管是一名柏拉图主义者，但卡尔科康第拉斯在他的一篇现已失传的文章"Ἀντιρρητικόν"中大力维护西奥多的观点，因此迈克尔·阿波斯托莱斯对其进行了诽谤。[②] 安德罗尼柯·卡利斯图斯同样为西奥多和亚里士多德辩护，但是贝萨里翁并没有责备卡尔科康第拉斯或者安德罗尼柯。[③]

经过这一系列事件之后，贝萨里翁被迫出面，来为这场争辩作出一个终极审判。虽然作为一个神学家，他与经院传统的联系较为密切，但他却明显地倾向于柏拉图以及老师普莱桑，并创作了一部由四本书组成的作品——《驳谤柏拉图》[④]，这也正是成果颇丰的希腊教会生活在成熟时期（1464 年之前）的结晶。这部作品不只是对乔治的回复，它也表达了贝萨里翁对这场争辩中的领导者的态度，更是一部对哲学历史的回顾，作者参考古希腊、东西方的基督教以及阿拉伯哲学团体的代表所作出的评注。为尽量彰显公平，贝萨里翁以一种平缓的语气表达他的观点。

因此，这场争辩到此结束，在那个时代里，【188】所有想要褒扬柏拉图的人都要先抨击亚里士多德，反之亦然，所有支持亚里士多德的人也都要诽谤柏拉图。后来，意大利和希腊的学者、文学家们握手言和，因为柏拉图和亚里士多德两位哲学家的观点都代表了人类精神中至高无上的思想。

---

① Masai，Pléthon，329

② Powell，Michael

③ Cammelli，Calcondila，24-25

④ Napoli，Controversia

评论：此处我们应注意一些与《驳谤柏拉图》相关的哲学话题，并遵循作品的创作过程，因为在文艺复兴时期，对于众多读者，以及买不起昂贵的马尔西利奥·费奇诺翻译的“柏拉图对话集”的人来说，这本书是独一无二、不可替代的教科书。

书籍出版的时间顺序如下：贝萨里翁用希腊语创作，并将其翻译成拉丁文，命名为*Liber Defensionum Contra Obiectiones in Platonem*。①正如他在五部手稿中所指出的，这部作品只在“学园”内使用。

《驳谤柏拉图》不是对《辩护》的直译或意译，而是旨在让更多的读者更易理解这部作品。作为宏伟的出版计划的第一批书籍，这部作品再现了贝萨里翁对柏拉图主义的观点。

【189】在翻译中遇到困难时，贝萨里翁会求助于一些得力助手：尼科尔·佩罗蒂、布西的乔瓦尼·安德烈·德，以及乔凡尼·加蒂。佩罗蒂编辑了古代格律和散文文篇的拉丁文翻译，作品在完成之后的几个月后（1469 年 4—8 月）就开始发行。并且，他很有可能推荐过《驳谤柏拉图》这部作品。②

布西的乔瓦尼·安德烈·德自 1464 年起帮助希腊教会取得了一些成就。为了更好地呈现作品，他还为《辩护》的手稿添加注释，替换掉其中的一些拉丁单词或词组。加蒂是一名多明尼加的神学家和贝萨里翁“学园”中的一员，他为作品所做的贡献主要在于他整编了中世纪时期作家们的参考资料及评注，例如出现在贝萨里翁的首篇文章（《辩护》）中的托马斯·阿奎那和阿尔伯图斯·马格努斯。

贝萨里翁《驳谤柏拉图》的出版

在这一哲学争辩时期的所有作品中，只有贝萨里翁的《驳谤柏拉

① Monfasani，Perotti

② BMC IV，7-8

图》出版了。这部作品最先是由德国的印刷大师康拉多·斯维因海姆和潘纳兹于1469年在罗马出版，几年后贝萨里翁逝世。[①] 实际上，印刷商们曾将一张单页交给庇乌斯教皇二世，【190】旨在请求教皇为他们的印刷事业募款。从这张单页中，我们可以推测贝萨里翁的作品大约发行了300本，其中包括他用来回复加沙的西奥多论点的《自然与艺术》，以及对来自特拉布宗的乔治用拉丁文翻译的柏拉图《法律篇》所做的纠正。[②] 在阿尔杜斯·马努提乌斯的出版社（威尼斯1503）重新出版的《驳谤柏拉图》中，增加了由希腊大主教亲自根据首版所做的增编和勘误。[③]

评论：贝萨里翁得到意大利学术圈和北方学术群体的好评，并不只是因为他在柏拉图和神学方面的渊博知识，或者是他的成功，除此之外，还包括他藏书室中收藏的大量图书。贝萨里翁的藏书室位于他的别墅中，是其“学院”不可分割的一部分，其中收藏了大量的希腊语和拉丁语作品的手稿[④]，以及早在1468年于罗马印制的古代拉丁著作家的作品。这些希腊语典籍和抄本历史悠久，因此，极具历史意义和价值，如收藏在羊皮纸书册“甲抄本”（Venetus A）里诗人荷马的作品《伊利亚特》的泥金装饰手抄本。贝萨里翁的藏书室不只对自己的圈内人以及意大利学术精英们开放，对北方的学者们也开放[⑤]，例如，来自维也纳的雷乔蒙塔努斯，他曾抄写过数学家丢番图的《算术》。

【191】贝萨里翁从学生时代（米斯特拉斯时期）就开始收藏书籍，在他的藏书室中，除了有其导师誊写的普莱桑的《论柏拉图与亚里士多德的不同》之外，还有斯特拉波《地理学》的“选集”，以及阿庇安、塞奥弗拉斯特和亚里士多德等学者的诸多作品。

① Scholderer，Petition
② BMC IV，14-15
③ Renouard，40（5）
④ Zorzi，Libreria
⑤ Zinner，Leben

这位希腊大主教收藏的这些无价之宝，共746部，包括482部希腊语书籍和264部拉丁语书籍，它们都被捐赠给了威尼斯共和国，后来，这些书籍成为威尼斯马尔恰纳图书馆藏书的主要组成部分。

杰出的乔治和柏拉图

在15世纪中期，特拉比松的博学家乔治是意大利学术界较为引人注目的人物，他于1443年至1444年间居住于罗马。[①] 在罗马教皇尼古拉斯五世的鼓励下，乔治接受了教皇秘书这一职务，并向知名意大利学者教授希腊语，在这期间，他自己也获得了大量关于拉丁修辞学的知识，并在后来创作了《修辞学书三》。[②] 这部著作是意大利文艺复兴时期演说艺术家们真正的“福音”，它以拉丁和拜占庭的众多关于修辞学的作品为基础，如来自大数的赫谟根尼的作品。【192】尽管乔治是一个狂热的亚里士多德主义者，但是大祭司却让他翻译柏拉图的《法律篇》和《伊庇诺米篇》。虽然他学识渊博，但乔治却因在翻译柏拉图作品过程中出现的过失和不准确之处而受到斥责。因为这件事情所引起的风波，最终迫使乔治从罗马辞职，之后，他在尼亚玻里国王阿方索的宫廷中继续工作。在行李中，他携带了一本自己翻译的《法律篇》的抄本，应弗朗西斯科·巴巴罗的要求[③]，他将其献给了威尼斯参议院。1460年10月4日，这本抄本正式献给了威尼斯共和国，作为回报，乔治被任命为著名的里亚托学校中修辞学和人文主义研究的名誉博士。

柏拉图的《法律篇》并不是乔治翻译过的唯一作品。[④] 应尼古拉斯·库萨和温科利圣彼得教堂大主教，以及德国教皇使节的要求，他

① Monfasani，Trebizond，45 ff

② Monfasani，Trebizond，25-26

③ Gothein，Barbaro

④ Meuthen，Sketch

还将《巴门尼德篇》翻译成了拉丁文。[①] 我们应注意，乔治的这项工作是在马尔西利奥·费奇诺翻译柏拉图对话录的很久之前就已经开始了，这项工作也是在“柏拉图对话集”框架之内进行的。这些关于翻译《巴门尼德篇》的信息是由两个人的作品提供的，一个是贝萨里翁大主教的作品《驳谤柏拉图》[②]，另一个则是布西的乔凡尼·安德列于 1469 年在罗马出版的阿普列乌斯 – 古版序言。《巴门尼德篇》是在 1451—1453 年翻译完成的，也正是在这期间，乔治翻译完成了《法律篇》。【193】《巴门尼德篇》的翻译手稿及他献给尼古拉斯·库萨的笔记被作为抄本收藏于沃尔泰拉图书馆中，其标题为：PLATONIS PARMENIDES INTERPETE GEORGIO TRAPEZUNTIO。[③]

然而，拉丁文版本的《巴门尼德篇》对库萨的作品产生了什么影响？这部对话录在多大程度上对马尔西利奥·费奇诺的思想产生了影响？（详见第 210 页）

大主教库萨年轻时，曾通过中世纪时期的一部手稿学习研究过柏拉图的思想，这部手稿中包含普罗克洛“评论集”的拉丁文翻译。从空白处所做的密密麻麻的评论以及纠正可以看出，他对柏拉图作品十分感兴趣。[④] 库萨在 1446 年所做的一篇“演讲”中，第一次谈到《巴门尼德篇》。三年后，他又在其著作《有知识的无知》中所引用的对话录中指出，这篇对话是“否定神学”最具代表性的作品。

在 1458—1459 年，尼古拉斯·库萨重新阅读并评论了普罗克洛的“评论集”，并在 1463 年指出，作品 *Tetralogus de li non aliud* 和《狩猎智慧》中有对《巴门尼德篇》内容的参考。[⑤] 他认为，《巴门尼德篇》中给出了让人类达到“存在”最高境界的方法“通过逻辑实现完全存

① Klibansky，Parmenides

② Mohler，Bessarion，624

③ Klibansky，Parmenides，291-292

④ Klibansky，Parmenides，25

⑤ Uebinger，Gotteslehre

在”，普罗克洛在他的《柏拉图神学》中也对此做了评论。

意大利学术界

【194】佛罗伦萨的柏拉图学院[①]成立前不久，从1454年开始，

---

① 柏拉图学园在雅典和希腊世界，以及后来的罗马知识分子领域的辉煌之后，费奇诺在佛罗伦萨重新建立的柏拉图学园成为了最为著名的学术中心。尽管它一直不是一所正式的有组织的学校，但是，这所学园仍旧成为了柏拉图主义在意大利和北方哲学领域复兴的标志，成为连接柏拉图思想和基督教信仰的桥梁。

此处，我们应注意到柏拉图学园的一些特征：众多贤才智士在这里聚集，他们大多都在哲学上有共同的追求，渴望通过知识达成目标。我们主要说的是他们之间的手足情谊——共同用餐，甚至一起生活——他们的活动范围不是局限于哲学，还包括众多其他知识领域，甚至形而上学。另外一个显著特征就是学园的下一任园长是由在任园长亲自指定的。

中世纪时期，在查理曼大帝所建立的帝国，所谓的巴拉蒂那学院，实际上是查理曼大帝的宫廷学院，在亚琛城建立起来，在这里，聚集了来自全国各地的学者。据说是来自约克郡的阿尔昆建立了这所学院，阿尔昆还曾在查理曼大帝的帝国提出过诸多关于教育改革的建议。

自15世纪开始，在意大利以及北方的一些学术中心，如尼古拉斯的故乡库萨，这个同样十分著名的“学园”，除了教授柏拉图思想，还在其他教育领域作出了巨大的贡献。在这些众多学院之中，最重要的一所是由安东尼奥·贝卡代利（别名 Panormita，1394—1471年）在尼亚玻里建成。这所学院被称作蓬塔尼亚学院，从阿拉贡的阿方索执政时期开始运行（自1443年起）。除此之外，还有我们之前提到过的贝萨里翁大主教的学院。

蓬波尼奥·勒托（1428—1497年）试图通过在罗马复兴学院来探究古代世界，而他的提议在当时的意大利人文主义发展中也引起了不小的轰动。勒托跟随洛伦佐·瓦拉学习，热爱收集古文物，而且精通纯正拉丁语。1457年，他将住处从帕拉丁山搬到了罗马学院中。这个空间广阔的罗马学院中，拥有众多古古罗马碑刻铭文、硬币及石刻浮雕，其中学者们穿着宽袍四处游荡。勒托的学院对于各类的诗人、演说家、历史学家，以及那些喜欢怀旧的人来讲，简直是个天堂，它试图复兴罗马时代的日常生活场景和风俗习惯。公共课程都在学院中教授，而且语法被视为教授语言和解读古文献的重要工具。勒托的学院很快就倒闭了，因为庇乌斯教皇二世的教廷不支持异教徒人员组织的各种会议，因此，学院在1460年被解散，其中，许多成员被捕入狱。——原尾注5

一些对教授希腊文感兴趣的年轻人就聚集到了一起，形成了一个团体。这些人中较为杰出的有安东尼奥·罗西、马尔科·帕伦蒂、安德里亚·阿拉玛尼，以及多纳托·阿奇艾奥利等。这个团体有一个特色，他们通常在宴会上阅读古代的作品并对之评论，最终以学术层面上对话的方式结束宴会。这些人将他们的“学校”命名为“佛罗伦萨学院”或“新学院”[①]，并把目光投向拜占庭的文学家约翰·阿吉罗普洛斯（约翰代表国王米斯特拉斯出使过欧洲许多城市），他们希望约翰在佛罗伦萨常设教学机构，用来教授希腊文和文学作品。在不懈的坚持下，学院的成员们终于达成了目标。[②] 1456 年 10 月，阿吉罗普洛斯不仅在佛罗伦萨定居，而且作为希腊语和哲学的学者，得到了相关权威人士的认可。虽然他精通柏拉图哲学，但在新环境中，他教授的却是亚里士多德的学说。即便如此，阿吉罗普洛斯仍被认为是将柏拉图的系统性研究带到佛罗伦萨的第一人，并被冠以“科学王子”的称号。其实，阿吉罗普洛斯并不只限于研究教授柏拉图对话录的注释和评论，他的课程也涉及哲学原理（奥秘）。[③]

【195】15 世纪中期左右，佛罗伦萨文学学校中的学术传统开始复苏，阿吉罗普洛斯最先致力于营造氛围。皮尔·菲利波·潘多尔菲尼和维斯帕西安略·达·比斯梯西在一个周日拜访了阿吉罗普洛斯的住处[④]，皮尔在一封信中写道：“我们发现他正在教授柏拉图的《美诺篇》，教授过程中，新进来一些人，但是，令在座各位惊讶的是，他并没有中断课程，而是为新来的人解释柏拉图的理论。”[⑤]

此处，值得一提的是，那些发生于 15 世纪上半叶文艺复兴时期涉及柏拉图研究的大事件。从克莱索洛拉斯退休成为一名老师，以及

① Della Torre，Storia，320 ff

② Cammelli，Argiropulo，69 ff

③ Field，Origins，116

④ Della Torre，Storia，396

⑤ Garin，Cultura，119

柏拉图的对话录首次被德琴布里奥和布鲁尼翻译成拉丁文开始，通过意大利人对柏拉图对话录“语言”的系统性学习，无论是翻译版本，还是原版，都变得可以理解。布鲁尼于1444年逝世，去世前，他将柏拉图的《申辩篇》和《书信集》赠给了意大利的人文主义团体。之后，《申辩篇》和《书信集》在博洛尼亚（1475年）和巴黎（约1474年）出版。[①] 柏拉图的思想在人文主义学校中广为流传，无人不晓，由此，可以推断出相应的手稿数量也会随之增加。【196】特拉布宗的乔治是第一位卓越的罗马“人类研究”演说家，他将诸多作品译成拉丁文，包括大量经典、基督教文学作品，还有翻译过柏拉图创作的《法律篇》和《伊庇诺米篇》，以及应大主教库萨要求所做的《巴门尼德篇》，并将此献给尼古拉斯教皇王世。

马尔西利奥·费奇诺对柏拉图和新柏拉图思想的复苏和传播起到了至关重要的作用，甚至影响了意大利及北方的学者们，这其中有两个主要原因：一个是佛罗伦萨柏拉图学院的建立，另一个则是“柏拉图对话集”以及新柏拉图主义作品的翻译和出版。

佛罗伦萨的柏拉图学院

人们普遍认为，在佛罗伦萨设立学园是为了传播柏拉图思想，这是受普莱桑对科西莫·美第奇和费奇诺的言论的影响。为了将这个想法付诸实践，科西莫私人医生的儿子马尔西利奥·费奇诺被选为普莱桑的“继承人”。当时佛罗伦萨缺乏合适的教师，这使得科西莫失去了最初的热情，而费奇诺的出现则引领他进入了希腊文学的世界。无论如何，这个设想都没有中止。费奇诺继续在意大利的学术中心学习，从1462年他到佛罗伦萨开始，科西莫就为他提供一切条件，努力将这个想法付诸实际。

① Census P 775 Census P 773

【197】我认为此处应提及一些关于费奇诺的历史史实，这些史实发生在他建立柏拉图学园和创作柏拉图主义以及新柏拉图主义的作品之前，其中，还涉及他的学术研究和导师们。费奇诺于1433年出生在亚诺河上的城镇菲利涅，他遵从父亲的愿望，年轻时为了学习医术，也为了跟随著名教授尼科尔学习逍遥派哲学，他和卢卡·迪·圣吉米纳诺以及齐奥尼迪一同来到了佛罗伦萨。① 1456年左右，年轻的费奇诺跟随著名的导师弗朗西斯·达·郎世宁（后来担任佛罗伦萨学院中教授希腊语的主席）学习希腊语②，这期间，还参加阿吉罗普洛斯关于柏拉图理论的讲座。③

费奇诺研究古希腊罗马的作家，因为能够阅读原著，就使他成为首位参阅伽伦的作品（《希波克拉底和柏拉图的认罪》）的西方人。费奇诺认识一些佛罗伦萨学术团体的成员，甚至可以说和他们是朋友，如波焦和C.马尔苏比尼，还与阿吉罗普洛斯的学生保持联系，如M.帕尔米耶里和D.阿奇亚奥里，并与罗马大主教贝萨里翁往来频繁。此外，费奇诺的朋友还包括C.兰迪诺、E.巴巴罗、波利齐亚诺以及卡尔科康第拉斯。

1456年，费奇诺写了一篇涉猎范围广博的文章——*Institutiones ad Platonicam disciplinam*，并将其献给了兰迪诺。兰迪诺又将它交给美第奇。美第奇读过文章后，督促费奇诺致力钻研柏拉图对话录的原始文稿。【198】费奇诺在系统地研究柏拉图理论以及学园的运作之时，又于1463年完成了关于赫耳墨斯·特利斯买吉特的《赫耳墨斯文集》，并将其赠予了他的资助人科西莫，之后，又致力于将柏拉图对话录译为拉丁文的工作。④

在佛罗伦萨，马尔西利奥·费奇诺的柏拉图学园作为柏拉图和新

① Della Torre，Storia，489-495

② Rotondò，Tignosi

③ Della Torre，Storia，348-351

④ Kristeller，Ficino，19

柏拉图主义的教育中心，虽然在北方享有盛名，但并不是一个像佛罗伦萨学院那样的正式教育中心。

此处，我们只提及该学园成立和运作的几个方面。从菲尔德阿纳尔多·德拉·托雷（Storia dell'Accademia Platonica di Firenze，佛罗伦萨，1902 年）时期开始，以及后来的基斯洛夫斯基、查斯特尔、马赛、菲尔德和汉金斯等人，都对学园做了详尽的研究。即使如此，仍未形成对该学园的成立和运作方面的共识，这些方面包括普莱桑所做的贡献和成立学园的设想，以及费奇诺所选择的授课教室等。

该项目似乎于 1439 年 2 月启动，本身担负着希腊赋予佛罗伦萨的宏伟使命，在美第奇教堂的壁画上，它被贝诺佐·戈佐利定格为一个永垂不朽的使命。【199】普莱桑并未参加理事会召开的所有会议，但就作品 *De differentiis Platonis et Aristotelis* 做了相关演说及注释。[①]普莱桑的口述思想无可替代，因为他延续了柏拉图和普罗提诺的风格。美第奇可能与普莱桑的言辞产生了共鸣，并建议他建立一个教育中心来传播柏拉图和新柏拉图主义。[②]

从这一时期起（公元 1463 年），佛罗伦萨公民委员会同意美第奇将卡雷吉别墅捐赠给费奇诺，在此处成立学园。此后，该工程正式开始。但费诺奇并没有以佛罗伦萨学院作为原型来安排学园课程，而是严格按照听众来开设课程。每年的 10 月 18 日，他会在佛罗伦萨大教堂制定教学大纲。费奇诺在公共场所以及教堂中授课，但主要是在圣母马利亚教堂中。[③]

---

① Masai，Oeuvre，540

② 需要特别注意的是，费奇诺对于普罗提诺《九章集》的拉丁文翻译，成为佛罗伦萨学院中大放异彩的作品，它被献于洛伦佐·德·美第奇。在米斯特拉斯的一块碑文上的赞美诗中，也提及了这件事："Magnus Cosmus，senatus consulto patriae pater，... philosophum graecum，nomine Gemistum，cognominePlethonem... "——原尾注 6

③ Gherardi，Statuti

科西莫将卡雷吉别墅选作学园设立场所并不是出于偶然，而是因为当时别墅的花园中鲜花盛开，百花争艳，刚好与柏拉图学园相呼应，适合闲庭信步和探讨哲学。[①] 同时，他还试图重建古代学园的“景象”，最开始，伴着阿波罗的七弦琴的音乐，许多费奇诺小圈子中的人、哲学家及诗人们在花园中歌唱。【200】费奇诺并不居住在别墅中，而是经常待在位于佛罗伦萨中心圣埃吉迪奥的房子中。此后，学园不只成为了佛罗伦萨的文化象征，同样也成为了政治象征，因为许多官员和贵族成员（费奇诺将他们称为“联合的统治”）也经常参加学园的活动，或者将其作为他们聚会及思考的场所。其中，这些人中就有托马索·迈那贝蒂[②]、司法官员贝尔纳多·韦托里、佛罗伦萨巴迪亚修道院院长洛伦佐之子阿尼奥洛·卡尔杜齐、1508 年沃尔泰拉军队长贝尔纳多·美第奇以及历史著作《历史上的佛罗伦萨》的作者皮耶罗·马尔科·帕伦蒂。

学园中并没有内部规章制度，也没有具体的学习课程，所以学员们可以自由地参加活动，这也有助于实现共同的目标：系统地教授柏拉图和新柏拉图主义的思想。在伟大的洛伦佐去世后，学园于 1492 年正式倒闭。

在讨论学园成员的翻译作品之前，我们应注意，费奇诺曾通过一项举措试图连接柏拉图的理论和基督教教义，称其追随者为“兄弟”，并在 42 岁的时候任命了一位牧师。【201】据说（我们认为这是谣传），他每晚都会在“小房间”中为柏拉图的半身雕像前点一盏灯，并将 11 月 7 日定为柏拉图的生日。另外，他将“万物源于善，归于善”作为至理名言[③]，而不是刻在柏拉图学园大门上的“Οὐδεὶς ἀγεωμέτρητος εἰσίτω”（不懂几何者不得入内）。

① Della Torre，Storia，721 ff.

② Della Torre，Storia，722 ff

③ Della Torre，Storia，639

来自北方的学园拜访者

佛罗伦萨学院在意大利人文主义学者中名声大噪，并很快发展成北方学术群体中重要代表人物的交流枢纽，他们希望传播柏拉图哲学，其中，有来自英格兰的约翰·科利特、来自巴黎的勒菲弗·D. 埃塔普勒，以及欧洲基督教人文主义的代表伊拉斯谟。

约翰·科利特（1467—1519 年）是英格兰学术生活中的首要人物，他成立了圣保罗学校并担任校长[①]，这所学校位于伦敦的大教堂之中。约翰·科利特与伟大的基督教人文主义的代表伊拉斯谟关系甚好，联系密切。科利特在佛罗伦萨学院中学习过一段时间，但并没有成为一个"意大利式的英国人"。【202】返回伦敦之后，他就使徒保罗的《罗马书》与《哥林多前书》的深层含义举行过讲座，讲座过程中，他频繁引用费奇诺的《柏拉图神学》。科利特并不赞同费奇诺关于与基督教调和的理论，而是要以一种文献学家的标准来理解保罗的《罗马书》。

勒菲弗 D. 埃塔普勒是法国人文主义的首要代表，他跨越了柏拉图思想与圣经之间的鸿沟。他精通古典文学，并曾拜保罗·艾玛丽和乔治为师，在索邦神学院学习神学。[②] 他曾访问过许多意大利的学术中心，与费奇诺和阿吉罗普洛斯关系甚好，并拥护学院中的新柏拉图主义理论。返回巴黎后，他还尝试以自己的方式解读神圣的典籍。勒菲弗信仰"神圣的启示"的力量，他对《圣经》的理解受到过喀巴拉的影响。[③]

伊拉斯谟是所谓的基督教人文主义者中的杰出人物之一，他和意

① Lupton，Life

② Renaudet，Préréforme，374-377

③ Bedouelle，Écritures

大利及北方的顶尖学术中心有联系，并在辅助糅合古代思想与圣经的过程中提出过建议。刚开始时，伊拉斯谟在荷兰的代芬特尔做研究，他笃信“基督哲学”的基本理念[①]，而该理念又与苏格拉底的理论密不可分：知识是使人“正确做事”（ὀρθῶς πράττειν）的前提，而无知只会导致邪恶。

【203】伊拉斯谟收藏的书籍中，包含许多柏拉图作品的抄本和印刷版本，《法律篇》就是其中之一。[②] 从他于1500年在奥尔良写给雅各布斯·巴特的书信中可以看出[③]，应来自斯巴达的希腊语老师乔治的建议，他在巴黎旅居时（1495—1497年）就曾买过柏拉图对话录的抄本。很显然，这是一本“柏拉图对话集”的拉丁文版本，它在费奇诺的指导下完成，最开始在佛罗伦萨印制，之后，1491年，又在威尼斯印制。伊拉斯谟在书信中经常提到柏拉图，同时，在驳斥索邦神学院和鲁汶学院的某些图谋不轨和坏心恶意的神学理论中，他也经常提到柏拉图。在给领主蒙乔伊的信中，伊拉斯谟将他对柏拉图作品的见解归结如下[④]：“世界上有比柏拉图哲学中的‘神圣’更好的创作例子吗？”他用三年时间旅居意大利、都灵、威尼斯等地，并拜访了阿尔杜斯·马努蒂尔乌斯的印刷厂及佛罗伦萨学院（此时费奇诺已去世）。

托马斯·莫尔爵士是又一位活跃于政界与文学界的人物，他与伊拉斯谟关系亲密[⑤]，并拥有一个大型藏书室，藏书中包括一些学术团体的成员赠予他的书籍，如柏拉图的对话录。【204】据我们考察所知，伊拉斯谟一直劝阻西蒙·格里诺伊斯不要将1532年印刷出版的

---

① Mestwerdt，Devotio

② Staikos，LibraryV，230-260

③ Allen，Correspon- dance，I，138

④ Allen，Correspon- dance，I，126

⑤ Roper，Lyfe

柏拉图作品的拉丁文版本献给莫尔爵士[①]，因为当时英王亨利八世在位，而莫尔正任英格兰大法官，一个路德教会成员的此种举动必然会引人注意。[②]然而，格里诺伊斯并没有听取伊拉斯谟的建议，1534年，他将自己编纂的柏拉图作品的希腊文版本献给了莫尔。

阅读过莫尔的《乌托邦》后，我们可以看出作者对古希腊罗马文学的广博知识，尽管他没有明确表示自己所参考的作家或者作品的来源[③]，当然也没有提及他是否仔细研读或者查阅过他们的作品。此处，我们并不是要讨论莫尔的《乌托邦》，但是，我们仍然引用了一段关于希腊语使用的经典篇章："他们（乌托邦人民）孜孜不倦地追求知识；我们只是提示他们，提供一些学习希腊语的线索和原理（因为我们知道，罗马只有历史学家和诗人，而他们一定会无比珍惜我们的赠予），看到他们如此热切地学习这门语言，真是不可思议。"[④]希斯拉德补充道：乌托邦民族有希腊的。在谈及他第四次旅行中的行李时，斯罗代写道："我在第四次的旅行中并没有带很多行李，而是带了许多书籍。我从未想过很快就回来，或者说我宁愿永不回归，【205】而是将所有的书籍都赠给他们，这些书籍中有柏拉图和亚里士多德的作品，我还有泰奥弗拉斯托斯的《论植物》……他们有《拉斯卡尔斯》这本语法书，所以我没有带《塞奥多洛篇》；他们只有《海西吉乌斯》和《第奥斯克里德斯》这两部字典。"

① Panizzi Lectures, 47

② Hoffmann, III, 138

③ More, Utopia, 112-113

④ A map of the world that does not include Utopiais not worth even glancing at, for it leaves out the one country at which Humanity is always landing.Oscar Wilde The Soul of Men Under Socialism

费奇诺教授柏拉图理论

费奇诺以一种新颖的方式将柏拉图思想传播到了他的周围，也传播到了各意大利哲学团体：他坚信应该将柏拉图的思想和其他思想家（主要是亚里士多德）的理论结合起来理解。[①] 许多学者接受费奇诺的这种观点，皮科·德拉·米兰多拉将这种观点称之为“哲学协议”。

关于“哲学协议”，费奇诺主要笃信两个哲学传统：一个是古代神学，一个是柏拉图和亚里士多德的比较。之前我们已经谈论过这种比较在意大利哲学圈中所引起的争论，因此，我们再对古代神学啰唆几句。[②] 从早期东方哲学家的作品中可以看出，费奇诺非常相信古代传统中的智慧，而这种哲学传统后来又被奥菲斯、阿戈劳菲墨斯、毕泰戈拉和柏拉图等人所遵循。[③]

匈牙利宫廷中的学院

【206】当意大利的哲学团体都专注于佛罗伦萨学院的活动时，费奇诺翻译的柏拉图和新柏拉图主义作品的影响已经超出了意大利半岛。匈牙利国王马提亚·考维努斯（1433—1490 年）宫廷中的学者们有一个重要的任务，就是管理并丰富国王图书馆里的藏书。[④] 到 1500 年，这个图书馆已经仅次于梵蒂冈图书馆。在考维努斯的图书馆中收藏了诸多关于艺术方面的珍贵手稿，其中还包括柏拉图的书

---

① Walker，Ancient

② Purnell，Sources

③ 费奇诺将赫耳墨斯·特利斯买吉特的作品《赫尔墨斯总集》的第一章的拉丁文翻译版本献予科西莫·美第奇。——原尾注 7

④ Csapodi，Corvinian

信，这些书信已经被勒欧纳多·布鲁尼翻译成拉丁文[①]，布达的书法家于1485—1490年也对其进行过抄写，如今它们都被收藏于西班牙王宫的埃斯科里亚尔图书馆中。考维努斯与费奇诺关系密切，在当时浓厚的学术氛围下，这位佛罗伦萨学者曾寄给弗朗西斯科·班迪尼一部柏拉图传记的手稿。弗朗西斯科·班迪尼从1477年开始就一直居住于布达。[②] 考维努斯在他随寄的信中写道："我并不是将柏拉图传播到雅典的人，因为雅典已经被毁坏，而是将他的思想传播到帕诺尼亚，因为那里的马提亚国王拥有无上的权力与智慧，他将很快复兴无所不能、无所不知的神——雅典娜的庙宇。'此后，费奇诺与布达宫廷联系更加频繁，并支持班迪尼的倡议，即仿照佛罗伦萨，在匈牙利首都建立一所新柏拉图主义学院。

【207】从14世纪80年代开始，费奇诺又通过菲利普·卡利马科，与波兰文学界的代表建立了学术联系。然而，他在波兰的影响远不及在匈牙利，在这种情况下，我们只能说费奇诺的柏拉图主义在波兰产生了间接影响。[③]

拉丁文版"柏拉图对话集"的出版

正因为有费奇诺的贡献和努力，才有了柏拉图对话录的《法律篇》、《史诗》以及书信等的拉丁文版本，其中第一版是由马库斯·马索鲁士在阿尔杜斯·努求斯的学院中完成并在二十年之后发行的。费奇诺最早在1477年完成拉丁文的翻译[④]，并将最后一稿交给了德美特利·卡尔科康第拉斯、G.A.韦斯普奇和巴尔托洛梅奥·博宁塞尼，因

① Corviniana 46-47
② Csapodi，Corvinian，47
③ Domański，Fortuna
④ Kristeller，The First

为他们的评论的主题与柏拉图理论有关[①]，同时还兼具语言学方面的特色。费奇诺并不避讳他想要寻求对其翻译事业的支持者这一现实，并在绪言中表示："所以你不相信，我亲爱的朋友，这部作品完成得马马虎虎，在我完成至出版这本作品的过程中，许多评论家提出要改善最后一篇文章，以让它更加哲学化，在雅典的竞争中更有说服力，这些评论家中就包括雅典人德美特利。"[②]

【208】这部作品被命名为"对话集"，分为两大本，日期分别为1484年5月和1485年4月，由佛罗伦萨洛伦佐印刷厂出版。[③] 这部作品得到学术界的广泛接受和好评，六年内的销量就达到了1025本，并于1491年在威尼斯再次出版，洛伦佐成为赞助人，书籍的编纂整理由安德烈·阿索拉及其助手西蒙·卢米埃尔和伯尔纳定·科利斯完成。[④]

评论：毫无疑问，从15世纪晚期至18世纪，对于哲学团体和所有大学中的文化中心来说，费奇诺的翻译和评注已经成为传播柏拉图对话录的重要途径。但是在其作品的绪言中，费奇诺并没有指明他所使用的具体方法，所以我们无从得知他只是借鉴和挪用了之前的拉丁文翻译，还是自己逐字逐句地翻译了这部作品。费奇诺从不否认他对两位拜占庭导师德美特利·卡尔科康第拉斯和大主教贝萨里翁的亏欠，虽然一直与他们保持联系，但他却从不尊重导师们的辛勤劳动。在费奇诺的翻译中，许多柏拉图的书信和对话录，如《克力同篇》、《会饮篇》、《申辩篇》以及对《斐德罗篇》的介绍等作品，都是以勒欧纳多·布鲁尼在1444年之前的拉丁文翻译为基础的。[⑤]【209】在翻译《高尔吉亚篇》和《斐多篇》时，费奇诺甚至更加直接地引用了整篇布鲁尼

① Della Torre, Storia, 606
② Della Torre, Storia, 643
③ BMC VI, 666
④ BMC V, 465
⑤ Hankins, Translation, 161

的拉丁文翻译。至于《理想国》，他可能是参考了由里索洛拉斯及其学生翁贝托·德琴布里奥编写的第一部拉丁文翻译。由贝萨里翁或者尼科尔·佩罗蒂翻译的《斐德罗篇》曾被完整地引用到了《驳谤柏拉图》中，而在“柏拉图对话集”中也有它的未删减篇章。对于特拉布宗的乔治于 1451 年至 1453 年翻译的《巴门尼德篇》，我们至今仍不知道费奇诺在何种程度上借鉴了这部翻译作品，但可想而知，它也必定有用武之地。

除了我们已经提到过的“柏拉图对话集”的翻译，费奇诺还出版了两部与柏拉图相关的作品——*Commentaria Vperpetua in Platonem* 和《〈蒂迈欧篇〉纲要》，它们也在 1496 年于洛伦佐的印刷厂发行。在“*Commentaria Vperpetua in Platonem*”中他提出，音乐对人类的思想有一定影响，从大方面来说，这就是宇宙的和谐。① 在《〈蒂迈欧篇〉纲要》中，他提出柏拉图理论与《创世记》的出现有关，而人是仿照上帝的外表被创造出来的。【210】最后，费奇诺还编纂了雅典那哥拉《论身体复活》的拉丁文翻译，这部作品的合卷本后来被命名为《论复活》，这部合卷本中还包含克贝的《便笺簿》和尼斯福鲁斯·布莱米德的《论逻辑》的拉丁文版本。② 费奇诺还编纂过雅典那哥拉的作品，雅典那哥拉是一位活跃于公元 2 世纪的雅典哲学家和辩论家，他经常参考柏拉图在《蒂迈欧篇》中所描绘的造物主，特别是在其作品《基督教牧师》中。③

费奇诺作品中的《巴门尼德篇》

1463 年，尼古拉斯·库萨创作了《寻找智慧》，同年，马尔西利奥·

① BMC VI，669H 707

② GW 2753 BMC V，523

③ Rankin，Athenagoras

费奇诺在科西莫·美第奇的建议下，开始翻译柏拉图对话录的全集和《法律篇》。在资助人去世之前，他已经完成了十部对话录的翻译，其中包括《巴门尼德篇》。[①] 费奇诺挑选了一些作品献给科西莫（这些作品如今被保存于牛津大学博德利图书馆），并向科西莫解释了选择这几部作品（《欧伊梯孚容篇》《巴门尼德篇》《斐莱布篇》）的原因。[②] 美第奇在逝世前并没有让人在床前阅读基督教书籍，取而代之的是《斐莱布篇》！由此，马尔西利奥及其好友们的柏拉图主义思想对科西莫的影响可见一斑。【211】费奇诺说道，《巴门尼德篇》中描述了"一"，这是万物的起源，这一理论还出现在了一位与马尔西利奥同时代的"匿名"作家的作品《评论柏拉图的〈巴门尼德篇〉》中[③]，他在开头部分写道："这本书旨在向世人展示'一'是万物之源。"[④]

费奇诺认为，《巴门尼德篇》比柏拉图其他的对话录都要重要，而且只有结合柏拉图深奥的宗教观点才能真正理解这部作品。马尔西利奥总结说："尽管柏拉图在《理想国》中描写的是精神哲学，在《蒂迈欧篇》中传播知识，在《巴门尼德篇》中宣扬神学，但这些对话中都有他智慧的种子。柏拉图的其他作品取代了所有的哲学家，在《巴门尼德篇》中，他甚至超越了自己，从内心的圣地以及哲学之中提出了神圣的观点……任何想要阅读《巴门尼德篇》的人都要从精神上做好准备，因为柏拉图描写了他如何理解'一本身'和万物之源。"[⑤]

马尔西利奥认为《巴门尼德篇》是西方柏拉图和新柏拉图主义的始祖，而这部作品已经得到了广泛的认可。波利齐亚诺和皮科·德拉·米兰多拉是两位在佛罗伦萨学习的人文主义者，他们都批判了马尔西利奥对话录的拉丁文翻译，但是出发点不同，因为他们一个是语言学

① Canonici class. Pat. 163

② Prologue to Axiochus

③ Kristeller，Supplementum，II，104

④ Klibansky，Parmenides，33

⑤ Argumentum in Parmenidem de Uno（= Platonis Opera omnia，1484）

家，一个是哲学家。【212】波利齐亚诺是一位语言学家，他是唯一一位可以与其老师一较高下的人，并且作为一个“语言学家”，他有权评价各种类型的文章。[①] 根据佛罗伦萨学院中的学者们的观点，皮科并不是典型的新柏拉图主义集大成者。皮科曾在意大利北部及巴黎读大学，他从未放弃对亚里士多德传统的追求，也十分看重阿威罗伊对亚里士多德作品所做的细致评论，并曾跟随犹太老师伊里亚·美迪哥学习，这位老师引领他用理智的精神来学习哲学理论。[②]

“柏拉图神学”

费奇诺在文艺复兴时期创作了一部作品——《柏拉图神学》，其中浓缩了他对柏拉图和新柏拉图主义者的理论和观点。[③] 这部作品是以百科全书的形式写成的，他竭力维护柏拉图“灵魂不朽论”的观点，反对享乐主义和阿威罗伊的理论。

评论：费奇诺的《柏拉图神学》成书于 14 世纪 70 年代，包含十八卷，主要以“灵魂”为主题。该作品代表了西方对神学的首次系统性描述。【213】费奇诺试图通过该书阐述灵魂的不朽，而他这部著作的参考来源有经院哲学中的观点和理论、圣·奥古斯丁的作品，以及古代柏拉图主义者的评论等。然而，费奇诺非但没有局限于柏拉图的文本和该领域内的神学理论，而且还从像杨布里科和赫耳墨斯·特利斯买吉特等神秘主义者和占星家那里汲取了信息。

1482 年，《柏拉图神学》首次于佛罗伦萨印刷出版，在意大利和北方地区得到广泛认可，并因其形而上学的性质被视为当时学术界的“佛罗伦萨的柏拉图主义”。[④] 费奇诺的最终目标是将“柏拉图神学”

① Maïer，Formation

② Dukas，Recherches

③ Garin，Teologia

④ BMC VI，637

与基督教教义相融合，以此驳斥支持巴塞尔委员会和托马斯·阿奎那观点的人。他希望通过亚里士多德的注释，使教皇对信徒的统治得到认可。

在《柏拉图神学》中，费奇诺试图建立一种超前于基督教的关于“形而上学”和“神圣的启示”的理论。神通过摩西将智慧赠予犹太人，而费奇诺认为，赫耳墨斯·特利斯买吉特、俄耳甫斯、佐罗亚斯特、毕泰戈拉等已经预见了部分事实，包括基督教教义提出：柏拉图是“希腊的摩西”，他继承了原始神学。即使没有从神学中提取著名的哲学观点，柏拉图还是成功创立了用来阐释本质的理论，这种本质包括哲学家和神学家的本质。

【214】费奇诺还编排了其他一些新柏拉图主义作品的翻译，但是这些作品从未出版，也没有被收录进发行于16世纪、17世纪的合集中，其中，包括阿尔比努在1464年之前用拉丁文翻译的《柏拉图主义的假设》。[①] 费奇诺对占星术非常感兴趣[②]，此外，又将意大利诗人和地理学家用拉丁文创作的《地理学》翻译成意大利语[③]，弗朗西斯科·贝林吉耶里活跃于15世纪中期，而这部作品在1482年之前只被出版过一次。

学院和美第奇图书馆

美第奇家族对佛罗伦萨学院及费奇诺所做的最大贡献就是他们的图书馆。科西莫·美第奇的私人藏书就已达70部之多，这些书籍的内容都曾被维斯帕西安略·达·比斯梯西出版。图书馆的哲学类部分，专门收藏亚里士多德及其评注者的作品。[④] 科西莫·美第奇的儿子皮

① Hoffmann，I，109

② Walker，Astrology

③ GW 3870

④ Vespasiano da Bisticci，Vite，183-189

耶罗的藏书室更为壮观，1456 年，皮耶罗曾编纂出该藏书室的目录，他一共收录了 150 部经典书籍，其中，古希腊罗马文学典籍就占了一半，展现了其对经典作品的浓厚兴趣。[①] 此外，皮耶罗的藏书按内容装订，独具特色。【215】经典书籍用蓝色丝绒封面装订，而哲学著作则用白色丝绒封面装订。他收藏的书籍中，还包括亚里士多德、柏拉图、演说家德摩斯梯尼等人的作品。

费奇诺可以自由出入美第奇位于佛罗伦萨拉加尔别墅中的藏书室。自 1469 年洛伦佐接管美第奇的房产之后，这个藏书室的规模进一步扩大，成为意大利学者用之不竭的学术资源宝库。[②] 从伊阿诺斯·拉斯卡里斯发起的在意大利和之前拜占庭帝国辖区内（希腊和小亚细亚半岛）的图书购买风波中，该藏书室又得到了许多欧洲其他图书馆都没有的珍贵的作品。[③] 于 1495 年由拉斯卡里斯主持编纂的美第奇藏书室目录也证实过这一点，这个藏书室共收藏了 1017 部手稿和古版文集。

美第奇认为人们应当自由地获取知识，因此，该藏书室对佛罗伦萨学术界的各个成员是自由开放的。在意大利的历史档案中有一份关于藏书室被转移至罗马的文件[④]，其中写道："我，德美特利，希腊人，从伟大的洛伦佐先生的藏书室中获取两部作品：一部是带有普罗克洛评注的《蒂迈欧篇》，该作品的开始部分已经丢失；另一部开始部分附着由普罗克洛评论的《蒂迈欧篇》，【216】该作品还附有柏拉图的《法律篇》以及对目录所做的笔记（quosdam quinterniones super praedicamenta）和《解释篇》……"[⑤]

① Piccolomini，Ricerche，16

② Rochon，Laurent

③ Müller，Lascaris，307-310，339-340

④ Piccolomini，Ricerche，287

⑤ Cammelli，Calcondila，109

学院杰出的学者和柏拉图

许多佛罗伦萨学院中的成员也是当时重要的文学家，他们并不局限于复兴古代哲学文本或者将希腊作品翻译成拉丁语，同时，也写了大量著作，其中一部分已经成为人文主义文学史上里程碑式的作品，例如，安吉洛·波利齐亚诺就是这样一位学者，他不仅翻译了柏拉图的《卡尔米德篇》(1498年在威尼斯被收录于“柏拉图对话集”的波利提亚努斯卷中)，还创作了著名诗歌《席尔瓦》和《诗节》。① 皮科·德拉·米兰多拉是费奇诺的侄子，脾气倔强暴躁，曾教授关于柏拉图和使徒保罗的课程，在教会界也曾引起过争议。这两位学者也是仅有的两位对柏拉图主义提出强烈反对意见的学者，而后者是发起者。

波利齐亚诺在为一篇关于哲学细微差异的作品做注释时，坚决拒绝“哲学家”这个称号，并宣布自己仅仅是一名文法学家（γραμματικός）而已。如此一来，他就有充分的权利在写作领域进行注释和评论。② 1478年夏，在阅读过柏拉图和埃皮克提图的作品后，波利齐亚诺决定将这位斯多葛学派哲学家的手册译成拉丁文，并对其思想加以评判。【217】佛罗伦萨哲学团体的成员十分贬低埃皮克提图。③ 为了为埃皮克提图辩解，波利齐亚诺利用柏拉图理论和斯多葛学派的既有观点，在对手册进行释义的基础上创作了一篇文章，表示这篇文章摘取了《阿尔基比亚德篇》、《普罗泰戈拉篇》及《斐德罗篇》。波利齐亚诺认为这个手册，即《手册》，应理所当然地被视为法典。

皮科是费奇诺和犹太人伊利亚（教授喀巴拉的老师）的学生，他的思想无拘无束，在学院中与众不同。④ 显然，皮科在帕多瓦、费拉

---

① Renouard，17 Maïer，Formation

② Scaglione，Scholar

③ Maïer，Formation，374-380

④ Craven，Symbol

拉大学时，对亚里士多德的学习影响了他研究柏拉图的方法。皮科遵循自己的思想，他认为应该把哲学当作一个整体来学习，而不应该为了把其分成各个领域，从而抛弃对其整体性的研究。

1482 年，皮科写了一篇宣言，《论人的尊严》，以此回应其拟就的 900 个在罗马公开辩论中有争议的议题，并对天主教们发起挑战。[①] 1486 年这篇宣言以《结论篇》为名 [②]，在罗马发行，并在基督教堂宣读。[③]【218】这在教会界引起轩然大波，但与此同时，皮科关于人类存在尊严的立场，为人们提供了不同的理解方式和思维方式。他认为，每个人都是自由的，而且应该自主选择职业，随之这种观点变得流行起来。

在皮科发起的公开争辩中，柏拉图与亚里士多德之间的“和谐”是首要话题，最终，他得出了十七个不同的结论，这些结论涉及两位哲学家之间的协调以及其他哲学团体成员的意见，其中第一条是：“没有任何解释，不论自然的还是神圣的，亚里士多德和柏拉图都没有集中到这个问题的本质上，尽管两个人都让人觉得他们不同意这一说法。”[④] 在《申辩》中，皮科也为这一观点辩护，并在他暮年创作的作品——《协调柏拉图和亚里士多德》中试图更加详细地分析了这一主题。

柏拉图主义和新柏拉图主义摘录的早期版本

14 世纪 60 年代以后，罗马成立了首个人文主义出版中心。这个中心主要由几个人负责建设的，其中包括乔瓦尼·安德烈·布西的学术圈，以及德国两位印刷大师——斯维因海姆和潘纳兹。

① Garin，Dottrina

② BMC IV，107

③ Garin，Dignitate

④ Conclusiones Theses，I，56

【219】布西（1417—1476 年）出生于意大利的维杰瓦诺[1]，在人文主义印刷界中地位显赫，成立了首家旨在传播古希腊罗马文化传统的印刷厂。布西曾与维托里·大雷一同学习拉丁语和修辞学，又与加泽一道学习希腊语，之后于 1459 年，担任尼古拉斯·库萨的秘书，他们还曾经一同旅行过。1468 年，布西定居罗马，并以玛西摩宫为根据地，开启了他的印刷计划。布西结交了一些德高望重的人物，如大主教贝萨里翁、加泽、埃尔莫劳·巴巴罗和鲁道夫斯·阿格里科拉等。布西印刷出版的作品也大都带有新柏拉图主义特征。

1469 年，正值贝萨里翁的《驳谤柏拉图》出版，这本作品是献给希腊大主教的，同时，还附有布西的一个序言。作品中包含来自马道拉的阿普列乌斯的作品全集，赫耳墨斯·特利斯买吉特的《医神艾斯库累普》（卢修斯·阿普留斯译）以及来自土麦那的新柏拉图主义哲学家阿尔比努的作品——《柏拉图哲学原理》（彼得勒斯·巴尔布斯译）。[2] 到 1500 年为止，《柏拉图哲学原理》已经有了四个修订版本。1469 年，奥鲁斯·盖留斯的《阿提卡札记》被布西的编辑团队出版，在罗马帝国名噪一时。[3] 由于这部作品的原作中含有一些希腊语摘录和大量希腊词汇，所以加泽成为了第一版的文学编辑。【220】后来这部作品又由斯维因海姆和潘纳兹出版，这一版展示出了一些新颖性，而这种新颖性可能主要归功于加泽。[4] 盖留斯的作品中包括一篇从柏拉图对话录《高尔吉亚篇》中摘抄的段落（十行）：关于哲学，年轻人可以适当地追随苏格拉底，但其他人不可以，因为这十分荒谬，并将摧毁自己。[5] 而加泽在书中插入的篇幅要长得多，共两整页，并用希腊字体印刷。增加附页篇幅的长度可能与希腊文章的连续呈现有

---

① Miglio，Bussi

② BMC IV，6

③ BMC IV，6

④ Charta，I，73-76

⑤ 484c

关，因为当时并没有发行的希腊语书籍。[①]《阿提卡札记》的第一版共发行了275本，1472年，这一作品又被德国印刷商再次出版。

从此，人文主义世界就拥有了一部与柏拉图思想有关的文集，这部文集被译成拉丁文，它为系统传播雅典哲学思想，提供了一个更为广阔的平台。它的影响已经超出了意大利，最终来到北方的文化之都巴黎，这里有著名教授纪尧姆·菲谢[②]，他是杰出的演说家、神学家、拉丁语学者和希腊文学的爱好者，曾担任索邦神学院院长，并于1469年受盟邦委托，保护学院中藏书三富的图书馆。法国国王路易斯十一世得知菲谢的才能，将其留在宫中，让他处理复杂微妙的外交任务。【221】期间，菲谢旅行至罗马，邂逅了贝萨里翁，并在一小段时间里被列为主教家庭中的一员。

贝萨里翁后来又沿着菲谢的路线反向来到了巴黎，虽然他们之间发生的事情我们无从知晓，但自此以后，菲谢决定放弃图书馆的房产和印刷厂，返回并定居于罗马，直到1430年逝世。

在他还掌管学校财产之时，菲谢一直请求希腊大主教寄给他一本《驳谤柏拉图》的抄本[③]，这可能成为了一个起点，此后他开始驳斥索邦神学院中出现的反对柏拉图的思想。菲谢曾向贝萨里翁表示，作为院长，他有权力在课程中加入主教的作品和柏拉图的思想。菲谢如愿以偿地得到了《驳谤柏拉图》的抄本[④]，并给贝萨里翁回复了一封感谢信："我耐心读完了您的作品，细细探究，有的地方甚至通宵达旦都不能参透……"菲谢精通柏拉图思想，因此，被指派与雅典哲学家共同将手稿译成拉丁文，后来这些手稿于索邦神学院中的印刷厂出版。[⑤]

① BMC IV，6

② Philippe，Guillaume

③ Claudin，Press，21，69

④ Legrand，Cent-dix

⑤ CensusP 773

菲谢争分夺秒，企图得到大学理事会的支持，发行《驳谤柏拉图》的学院版本。【222】贝萨里翁按照索邦神学院的官方请求，为该书写了序言，其中，序言的落款时间为 1472 年 5 月 4 日。然而，这个序言一直没有到达菲谢手中，这件事与贝萨里翁去北方的最后一次旅行有关，随后他于 1472 年 11 月 19 日突然逝世。

在佛罗伦萨学院及其众多学术中心中，最具标志性的人物就是荷兰人鲁道夫斯·阿格里科拉（罗勒夫·休斯曼）。① 阿格里科拉是首位为完成学业而前往意大利的思想家，他的老师都十分优秀，如特拉布宗的乔治、弗朗西斯科·菲莱尔福和洛伦佐·瓦拉等。返乡之后，他继续从事教学与学术工作，在海德堡大学教授希腊语和拉丁语，直至去世。阿格里科拉专心研究柏拉图②，并致力于用拉丁文翻译一部柏拉图对话录的伪作——《阿西俄库篇》，后来这部作品被理查德·帕夫赖特于 1480 年在代芬特尔印刷出版，十五年后，也就是 1495 年，彼得·弗里德伯格在美因兹再次出版了该作品。③

代芬特尔不只是一个人文主义文学兴盛的北方城市，它还是“近代虔敬”学校的故乡。④ 这所学校由海尔特·格鲁特（1340—1384 年）建立，目的是传播古希腊罗马文集，学校成员之间相互称道“兄弟姐妹会”。⑤ 格鲁特的追随者们在修道院中建立了许多学派。在“近代虔敬”学校出版的《希腊语中的动词》（1488 年后）是 1500 年之前唯一一部未在意大利出版的希腊书籍，这部书籍为希腊中心教育的

① Tresling，Agricolae

② C 4766

③ C 4767

④ Post，Devotion

⑤ Engen，Brothers 由海尔特·格鲁特（Geert Groote）建立的兄弟姐妹会（the Brethren of the Common Life，常简称为 BCL）通过制作书籍、提振教育和改革教育制度有效促进了当地人力资本积累，识字率和书籍出版数量。——中译者注

传播起到了积极作用。[①]【223】亚历山大·赫吉亚斯任校长时，伊拉斯谟、新柏拉图主义者 R. 阿格里科拉、尼古拉斯·库萨等都是学校中的学生。[②]

尼古拉斯在西方柏拉图传统中扮演特殊角色，这在北方也是独一无二的，他首先提出将《巴门尼德篇》译成拉丁文。他也是第一位强调普罗克洛的《论〈巴门尼德篇〉》重要性的人，并将这部作品收录进《柏拉图神学》中。[③] 尼古拉斯热衷于收集手稿，尤其是哲学手稿，当结束在康士坦丁堡的使节任务回到家乡时，他带回了许多希腊典籍。[④] 他参加了费拉拉–佛罗伦萨委员会大会，劝说盎博罗削·特拉韦尔萨里将第欧根尼·拉尔修的《名哲言行录》翻译成拉丁文，但徒劳无功。不过，大约在二十年后，尼古拉斯成功找到了一位可以将希腊作品翻译成拉丁语的天才译者——来自比萨的彼得勒斯·巴尔布斯。巴尔布斯是著名教师维托里·大雷的学生，约于 1459 年定居于库萨的"宫廷"中。巴尔布斯精通希腊语，致力于《柏拉图哲学梗概》的第一版拉丁文翻译。后来，这部作品由阿尔比努编纂整理。[⑤] 在库萨去世后，【224】巴尔布斯主要为尼亚玻里国王费迪南一世阿拉贡的费兰特服务，从事《柏拉图神学》（普罗克洛）的翻译。[⑥]

尼古拉斯十分赞同阿尔比努的观点，在他的论著"*Tetralogus de li non aliud*"中，他反复提到"non aliud"（οὐχ ἕτερον），这个词是借用了普罗克洛的说法，尼古拉斯自 1461 年在谈及上帝时就经常使用它。

库萨的这些提议，其实是为了获取关于柏拉图和新柏拉图主义者作品的重要信息，最终在他去世后（公元 1464 年），他的房子就成为

① BMC IX，50

② Reichling，Humanisten

③ Klibansky，Parmenides，9 ff.

④ Bianca，Bibliotecae

⑤ Monfasani，Nicholas，218

⑥ Saffrey- Westerink，Théologie

了学者们集会的场所，也就是所谓的“学园”。在那里，来自北方的人文主义者不仅有机会翻阅柏拉图作品的拉丁文版本，还能查阅到中世纪时期新柏拉图主义者的作品。例如，莱比锡图书馆中有达尔伯格张伯伦（沃尔姆斯主教）印章的抄本，而这部作品就是收藏于库萨藏书室中普罗克洛《神学元素》的副本。另外，皮科·德拉·米兰德拉以藏有大量的希腊语和拉丁语书籍而闻名，他曾与1488年以教廷大使的身份拜访库萨，目的是参观大主教的图书馆并对之作出评价。

鲍鲁斯是一位德国教育家，他致力于传播柏拉图思想并将其作品译成拉丁文。[①] 鲍鲁斯约于1460年出生在一个波希米亚的小城镇，他不仅出版了柏拉图的作品，【225】还包括布鲁尼的拉丁文翻译作品（莱比锡，1490年），并创作了《论柏拉图哲学》[②]，该作品很可能于1488—1489年在莱比锡由莫里茨·布兰迪斯出版。许多费奇诺的出版作品中都附有鲍鲁斯写的序言，由此可以推断，他在意大利柏拉图哲学界的声望是很高的。[③]

“全集”的第一版

15世纪中期，柏拉图思想开始在西方复苏，人们开始大量地翻译柏拉图和新柏拉图主义者的对话录，但直到16世纪早期，“柏拉图对话集”的第一版才开始发行，这让人感到很奇怪。1513年，“柏拉图对话集”由马库斯·马索鲁士出版[④]，阿尔杜斯·马努提乌斯在威尼斯印刷。

早在1497年，马努提乌斯就在亚里士多德文集第二卷的序言中，

---

① Bömer，Humanismus

② Census P 774H 11741

③ Kristeller，Studies，172-173

④ Renouard，62（4）

向读者们表达了他会继续出版柏拉图和伽伦著作的想法。[①] 根据约翰·昆托的说法，1506 年 11 月，就开始初步着手准备出版柏拉图和普罗塔克的作品，同时，也探讨了出版这些作品所需要的时间。[②]

“柏拉图对话集”的出版都是以一些可靠的手稿为基础的，“παλαιοῖς τισι καὶ ἀξιο πίστοις κεχρημένων αὐτογράφοις”（在一些古老的权威性较高的自传中所用的），而如今我们认为这些是马库斯·马索鲁士的个人藏书。【226】“柏拉图对话集”第一个版本的两篇序言分别是由马努提乌斯和马库斯·马索鲁士用拉丁文和希腊文所写的。[③] 马努提乌斯就古代文学典籍和教会表达了自己的观点，而马库斯·马索鲁士则创作了《柏拉图颂》[④]，而这部作品被认为是古代最为抒情的作品之一，也是自文艺复兴以来最可爱的希腊诗篇。虽然写作风格不同，但是这两篇序言有一个共同的目的，那就是敦促教皇利奥十世发起改革运动，以传播文学和艺术，支持阿尔丁尼学会，并仿照柏拉图学园在罗马另外建造一所学园。

当时威尼斯学术界气氛积极活跃，阿尔杜斯·马努提乌斯出版热情高昂，阿佛洛狄西亚作品《论亚里士多德论题》后来又被马库斯·马索鲁士重新编辑[⑤]，并于 1513 年由马努提乌斯出版。其中，附有由阿尔伯托·皮欧写给卡普里的王子和出版社主要资助人的序言。马努提乌斯解释了阿佛洛狄西亚的作品被推迟出版的原因，向皮欧承认他希望要在作品中加入其他柏拉图和亚里士多德的注释者的作品。不知疲倦的哲学研究者和帕多瓦大学教授弗朗西斯科·梅莫里亚·贝尔戈

① Charta，I，345-346
② Lowry，Libraries，158
③ Mioni，Biblioteca
④ Sifakis，Ode
⑤ Renouard，62-63（5）

马斯给他提供了相关材料。[①]【227】贝尔戈马斯为柏拉图的作品做过注释，其广泛程度甚至可以和专业注释者相媲美。然而，一场大火却使他的所有藏书化为灰烬，包括极稀有的希腊和罗马手稿。[②]

如果不考虑两个因素，今天我们就很难用文献学的标准去评判1513年马库斯·马索鲁士所编辑的“柏拉图对话集”。这两个因素包括：一方面手稿稀缺，因此无法进行比较；另一方面，为赶在已经公布的出版最终期限之前，马努提乌斯强加给他的合作人巨大的进度压力。比如，伊阿诺斯·拉斯卡里斯在游历到希腊时（1490—1491年），从洛伦佐·美第奇的拍卖中得到了极其珍贵的柏拉图作品手稿。[③]这些手稿主要来自阿陀斯山修道院的图书馆，之后被转至美第奇图书馆，但是在法国查理八世的军队入侵佛罗伦萨时，这些手稿开始散落不齐。在掠夺中，佛罗伦萨拉加尔别墅中的许多藏书被损毁，大约有1100本书籍存于圣马可修道院中的图书馆，其中三分之一又被佛罗伦萨贵族萨尔维亚蒂家族据为己有。[④]无论如何，马库斯·马索鲁士都未能得到这些材料，马努提乌斯的出版机制也没有给他提供宝贵的时间。

在宏伟出版计划的压力下，【228】再加上当时一些其他的希腊文集仍未出版，马努提乌斯不得不从头开始重新建立印刷厂。马努提乌斯创建和组织了自己的“新学园”——他在1502年首次在《七部索

① 弗朗西斯科·维托里（也叫弗朗西斯科·梅莫里亚）大约出生于1483年（或1484年），1529年去世。在他年轻的时候，就在帕多瓦大学的哲学演讲中，展现了其卓越的才华。数年后，可能从1507年开始，他在该校教授医药学的理论和实践，并且，他与P. 本博和多雷托相交甚好：AldoManuzio Editore. Dediche-Prefazioni- Note ei Testi，C. Dionisotti之导论与G. 奥兰迪之翻译评论，卷2，米兰，Edizioni il Polifilo，1975。——原尾注8

② Firmin-Didot，Alde Manuce，368

③ Müller，Lascaris

④ Piccolomini，Intorno

福克勒斯的悲剧》这部作品的序言中提到。[1] 在致伊阿诺斯·拉斯卡里斯的信中，他写道："当你在一个寒冷多雾的夜晚，发现新学园的成员围坐在篝火旁……你会被经常提到……"同个版本最后一页的落款为"Venetiis in Aldi Romani Academia"，另附带有一个新学园标志，这个标志至少在他以后两年所出版的作品中都有出现。[2] 马努提乌斯的新学园有一套具体的规章制度，其中包括学园的建设者和他们的同事在运行新学园时应该遵循的规则。[3] 这套规章只流传下来一个制度抄本，标题为 NEAKAΔHMIAΣ NOMOΣ（新学园规章），里面包含七名创建者的名字[4]，并提出这些人必须说希腊语，以及他们参加新学园活动时需要具备的前提条件和一些神圣不可侵犯的条例。在规章中，马努提乌斯被称为"Καθοδηγητὴς"（教化者），而约安尼斯·克里提库（很可能是格里戈罗普洛斯）被称为"φυλῆς Διορθωτίδος"（校对者），之所以这样称呼，大概是因为他对出版的文本进行了编辑校正。马努提乌斯的观点和新学园的内部管理方式，都在一定程度上反映了柏拉图学园的特征。

【229】马努提乌斯和马库斯·马索鲁士向教皇利奥十世提出的请求并没有得到预期的回复，但利奥十世非常支持在帕拉蒂诺山成立希腊语学院，这标志着罗马希腊语作品印刷的开端。[5] 1515 年，马努提乌斯在威尼斯去世，马库斯·马索鲁士又回到罗马定居，并与琼蒂合作开办了一个出版社。

直到 16 世纪末，只在北方的出版社中马库斯·马索鲁士的"首版""柏拉图对话集"就已经出版了三个版本。最开始是由约翰·瓦尔德尔于 1534 年在巴塞尔出版，这个版本分为两部分，以及相应的拉

① Renouard，34-35（6）
② Firmin-Didot，Alde Manuce，212-213
③ Lowry，Academy
④ Charta，I，320-321
⑤ Charta，I，280，282

丁文翻译。[1] 第一部分还含有普罗克洛对柏拉图《蒂迈欧篇》的注释，这些注释是首次以原作的形式出版的。在系统对比了“范文”之后，即马库斯·马索鲁士的1513年的版本，西蒙·格里诺伊斯又对费奇诺的拉丁文翻译做了诸多修订。[2] 格里诺伊斯主要致力于精炼和完善拉丁译文的工作。之后，这一版本在二十年后由约翰·佩特里在巴塞尔出版，但是该版并没有普罗克洛对《蒂迈欧篇》的评注。[3]

亨利·艾蒂安“首版”的再次出版

亨里克斯·斯特芳（斯特芳的法文名叫亨利·艾蒂安）编辑的最完整的“柏拉图对话集”，在将近两百年的时间里，一直是教授柏拉图思想无可替代的重要工具。该作品于1578年在日内瓦出版，分为三卷，并附有让·塞雷的拉丁文翻译。【230】这部里程碑式的作品以艾蒂安的序言开篇，他表示他已将希腊语作品与先前的版本（1513年的马努提乌斯版本和1534年与1566年巴塞尔的版本）做过比较。[4] 但对于《法律篇》，他参阅了里昂1571年的拉丁语版本，以及许多未出版的手稿。至于拉丁文翻译，艾蒂安表示他完全不在乎费奇诺的翻译（1484—1485年），而是委托哲学教授让·塞雷重新翻译。艾蒂安自己亲自编辑了翻译的校样，同时，在对话录中增加了许多摘录和注释。[5] 需要强调的是，作为一个加尔文教徒，塞雷在序言中解释了他对费奇诺的翻译嗤之以鼻的原因[6]：他“解读”柏拉图作品的方法与新柏拉图注释者大相径庭。塞雷对《巴门尼德篇》的注释完全忠实原

① Hoffmann，III，118
② Hankins，Translation，289-290
③ Hoffmann，III，118-119
④ Schreiber，Estiennes，167-170（201）
⑤ Reverdin，Platon
⑥ Henninger，Serranus

文，在哲学争论方面（弗朗西斯科·布来尤斯），也拒绝表达个人立场。1590年，最后一个双语版的“柏拉图对话集”由弗朗西斯·佩雷在里昂出版，这是暨1556年由佩特里于巴塞尔出版这部作品后的再版。①

与“柏拉图对话集”的五个希腊语版本比起来，费奇诺的拉丁文版“柏拉图对话集”在16世纪末才由北方的印刷厂发行，共发行出版了至少24次，【231】其中，不包括我们之前提到的伊阿诺斯·考纳琉斯（Johann Haynpal）和让·塞雷的两个拉丁语版本。根据Fr. A. 沃尔夫所言，伊阿诺斯·考纳琉斯（1500—1558年）是一个极具天赋的文献学家和希腊文学家，他首先完成了《希波克拉底》的翻译，为了放松思绪，后来开始转向翻译其他题材的著作。就这样，他开始将精力放在柏拉图的《会饮篇》和塞诺克拉底的相关作品的翻译上。②

柏拉图和罗马教廷的“和解”

16世纪中期左右，一个来自帕多瓦大学的学生弗朗西斯科·帕特里齐改变了人们对于柏拉图学说与基督教信仰之间关系的看法。③ 在聆听了其圣方济会的老师讲授柏拉图的思想之后，弗朗西斯科就开始心无旁骛地专心研究柏拉图思想。老师建议他以费奇诺翻译拉丁语版的“柏拉图对话集”为指导，就像帕特里齐所言“那就这样吧”。④ 从此以后，他便投身于系统地“用新的科学性的分类方式编纂柏拉图的对话录”，同时，还在费拉拉大学教授柏拉图哲学。

在帕特里齐看来，《巴门尼德篇》的形而上学维度和普罗克洛《神学要旨》中的思想，是他的哲学体系建构的根基，也是他《宇宙哲学的更新》中所表达的观点。【232】在这部著作中，对哲学进行了一番

① Hoffmann，III，121

② Hoffmann，III，139

③ Donazzolo，Erudito

④ Klibansky，Parmenides，46

回顾之后，他开始细致入微地分析其“柏拉图的方法论”，他将其视作解释诸多人类存在特征的一条安全的道路。[①] 带着雄心壮志，帕特里齐在费拉拉任教时，成功出版了他的哲学论著，并将其献给了天主教皇格里高利十一世和罗马教廷的教士们！在这部著作的序言中，他明确指出，“他的柏拉图体系”是建立在《巴门尼德篇》和《蒂迈欧篇》以及一些其他作者如普罗提诺、赫耳墨斯·特利斯买吉特及佐罗亚斯特的作品之上的。同时，他还告知读者，经过教皇同意，这本书将被收入修道院，以及一些其他意大利和欧洲范围内受天主教管辖的高等学校的课程中去，特别是耶稣学院。

费奇诺在意大利哲学团体中的影响

费奇诺在佛罗伦萨学院中的思想观点及作品，对现代知识分子和北方哲学界的成员都有很深刻的影响。尽管这个话题不在我们现今的研究范围之列，但不得不说的是，有诸多予人以启迪的描写费奇诺对同时代哲学家影响的文章。【233】这些文章被整理成两卷，1986 年正式发行，并冠名以“*Marsilio Ficino e il Ritorno di Platone*”，大都出自在佛罗伦萨举行的纪念“柏拉图对话集”出版 500 周年的研讨会。

F.P. 马奥尼在作品中指出，“马西里奥·费奇诺的影响……”费奇诺对柏拉图的“对话集”拉丁语翻译版本在传播柏拉图思想中扮演了十分重要的角色，而且经过了历史的检验。特别是，他还单独提到了在帕多瓦大学执教的三位亚里士多德学派的教授：韦尔尼亚，尼佛和齐马拉。[②]

尼克莱托·韦尔尼亚约于 1420 年在意大利基耶蒂出生，1499 年逝于帕多瓦。保罗·德拉·佩尔戈拉是他在帕多瓦大学中的导师之一，

① Muccillo，Patrizi

② Mahoney，Influence，509-531

随后他也在该校执教至 1465 年。[1] 尼克莱托·韦尔尼亚最开始是阿威罗伊的信奉者，后来逐渐改变观点，笃信柏拉图和亚里士多德之间的一致性。尼克莱托·韦尔尼亚的立场和观点，是建构在忒弥修斯和辛普里丘对亚里士多德的评价基础之上的。韦尔尼亚对于柏拉图思想的解读，借鉴了费奇诺的“柏拉图对话集”，目的是使其成为反驳阿威罗伊的工具。的确，在他早期反驳阿威罗伊的一篇作品中，谈到“理智”的问题时，韦尔尼亚利用卡奇迪乌斯的评论，呈现出了《蒂迈欧篇》中的章节（414d），以此来表达柏拉图的观点。【234】韦尔尼亚不止一次地引用过卡奇迪乌斯翻译的《蒂迈欧篇》，在 1492 年，在探讨“普遍性”的概念时，他再次使用了这篇对话录。

阿戈斯蒂诺·尼佛约于 1473 年出生于加斯塔，1564 年在萨莱诺去世。他主要活跃于 15 世纪末 16 世纪初，先是在尼亚玻旦大学学习人文科学，后又在帕多瓦大学跟随韦尔尼亚学习，并随后在该大学执教。[2]

在评论阿威罗伊的《在毁灭的毁灭》（1497）中，尼佛直接引用了费奇诺对《蒂迈欧篇》、《巴门尼德篇》、《理想国》和《斐多篇》的翻译，并承认曾与乔凡尼·皮克·德拉·米兰德拉讨论过《斐多篇》中的一些章节。在宇宙灵魂理论和之后的“形式的给予者”（如，上帝）问题方面，尼佛试图调和柏拉图和阿维森纳的理论，并且广泛查询过费奇诺对《蒂迈欧篇》的评论。[3]

马科坦尼奥·齐马拉约于 1475 年出生于加拉蒂纳，1537 年逝于帕多瓦。他是一个坚定的阿威罗伊主义者。他专注于亚里士多德的解读者，如亚历山大的阿佛洛狄西亚和忒弥修斯，还有之后的韦尔尼亚，但是，最初的时候，他对费奇诺用拉丁语翻译的柏拉图作品毫无兴

① Mahoney, Influence, 511-516
② Mahoney, Influence, 517-524
③ Nardi, Saggi

趣。[1] 然而，在齐马拉创作于1523年尼亚玻里的主要作品《定理》中，他引用了柏拉图的某些对话录，其中主要有《斐多篇》、《高尔吉亚斯篇》、《蒂迈欧篇》以及《法律篇》和《理想国》。

【235】最后，根据一些哲学家们所引证的，我们应强调，费奇诺的“柏拉图对话集”的拉丁语译本，已经替代了中世纪时已经翻译过的对话录，如《蒂迈欧篇》、《斐多篇》和《美诺篇》。另外，费奇诺对普罗提诺的《九章集》的翻译，对于理解柏拉图思想起着至关重要的作用，这部翻译作品的目的是反驳阿威罗伊的观点。在“个体性”方面，韦尔尼亚和尼佛还孜孜不倦地研读过费奇诺的《柏拉图神学》。事实上，尼佛在那部作品中是支持费奇诺的观点的，而且他强调个人灵魂的不朽和人类意志的自由。

① Mahoney, Influence, 525-530

古代作者信息

Acad. II = Cicero, Academica posteriora

ad Att. = Cicero, Epistolae ad Atticum

Alexiad = Anna Comnena, Alexiad

Alpha = Aristotle, Alpha

Amm. Marc. = Ammianus Marcellinus, Res gestae

Amphilochia = Photius I, Amphilochia

Anecdota = Procopius, Anecdota Apologia = Plato, Apologia

Arist. Nic. Eth. = Aristotle, Nicomachean Ethics

Aristoxenus, Harmon. = Aristoxenus, Elementa Harmonica

Cic. de fin.= Cicero, de finibus

Commentary on Plato's Gorgias = Olympiodorus, Commentary on Plato's Gorgias

Curriculum = Curriculum Vitae et Carmina, ed. Heisenberg, Leipzig 1896

De ling. lat. = Marcus Terentius Varro, De lingua latina De Natura = Lucretius, De rerum natura

Diog. Laert. = Diogenes Laertius, Lives and Opinions of Eminent Philosophers, BOOKS I-X, commentary-translation Theodoros G. Mavropoulos, 2 vols, Thessaloniki, Zetros Publica- tions, 2012

Dionysiaca = Dionysiaca : Receuil donnant l'ensemble des traductions latines des ouvrages attribués au Denys l A'ed. P. Chevalier Bruges, 2 vol., 1973

Eunapius, Lives = Eunapius, Lives of Philosophers and Sophists, ed. J. Giangrande, Roma 1956

Eus., Praep. evang. = Eusebius of Caesarea, Praeparatio evangelica

Galen = On Hippocrates'On the Nature of Man Commentary II, XV, 105

Historical Orations = Olympiodorus, Historical Orations

Homilies = Basil the Great, Homilies

In de Caelo = Simplicius, In de Caelo (CIAG, VII, 379.16)

Just. Cod. = Justinian, Corpus Juris Civilis Life of Isidore = Damascius, Life of Isidore

Lives of Sophists = Philostratus, Lives of Sophists

Marinus, Life of Proclus = Marinus, Life of Proclus or Concerning Happiness

Nepos, Att. = Cornelius Nepos, De viris illustribus Nu = Aristotle, Nu

On Councils = Arius, Thaleia

Oration upon the Sovereign Sun = Julian, Oration upon the Sovereign Sun

Orations = Themistius, Orations

Panathenaicus = Aelius Aristides, Panathenaicus

Plato = Republic, Statesman, Sophist, Timaeus Prolegomena= Olympiodorus, Prolegomena (CIAG, XII, 1)

Romans = Apostle Paul, Epistle to the Romans

Socrates, Eccl. Hist. = Socrates, Church History

Strabo = Geography

Suétone, Vies = Suétone Tranquillus, Vies des Douze Césars, ed. Henri Ailloud, Paris, Les Belles Lettres, 1961

Suidas (Suda) = Sudae Lexicon ex recognitione, ed. I. Bekkeri, Berlin, Typis et Impensis Georgii Reimer, 1854

Theod. Cod. = Codex Theodosianus Topics = Aristotle, Topics

Zenobius = Zenobius, Epitome collectionum Lucilli Tarrhaei et Didymi, V, 7, 1-4

Zosimus = Zosimus, New History

缩略词表

AAT = Atti della Accademia delle Scienze di Torino. Classe di Scienze morali, storiche e filologiche, Torino

AJPh = American Journal of Philology, Baltimore

ANRW = Aufstieg und Niedergang der Römischen Welt AV = Archivio Veneto

BZ = Byzantinische Zeitschrift

DBI = Dizionario Biografico degli Italiani. http.www.treccani.it

ΕΜΣ = Ἑταιρεία Μακεδονικῶν Σπουδῶν

JbAC = Jahrbuch für Antike und Christentum, Münster

JÖBG = Jahrbuch der Österreichischen Byzantinischen Gesellschaft, Wien

ICS = Illinois Classical Studies, Urbana Illinois

IMU = Italia Medioevale e Umanistica

Marsilio Ficino = Marsilio Ficino e il Ritorno di Platone. Studi e Documenti, ed. G.C. Gafagnini, vols 2, Firenze, Leo S. Olschki, 1986

RE = Paulys Real-Encyclopädie der classischen Altertumswissenschaft

REB = Revue des Études Byzantines RechAug = Recherches augustiniennes

RSBN = Rivista di Studi Bizantini e Neoellenici (n.s.), Roma

StudPart = Studia Patristica. Papers Presented to the International Conferences on Patristics, Berlin

TPAPA = Transactions and Proceedings of the American Philological Association

WZHalle = Wissenschaftliche Zeitschrift der Martin-Luther-Univ. Halle-Wittenberg, Gesellschafts-und sprachwissenschaftliche Reihe

参考书目

Albrecht, Minucius = Albrecht, M. von, "Marcus Minucius Felix as a Christian Humanist", ICS, 12(1987), 157-168.

—, History = Albrecht, M. von, Geschichte der Römischen Literatur, vols 2, K.G. Saur Verlag GmbH & Co., München, 1994.

Alexandre, Traité = Alexandre, C., Traité des lois, Paris 1858.

Allen, I, Correspondance = La Correspondance d'Érasme, translation and commentary from the edition Opus episto- larum Desiderii Erasmi Roterodami by P.S. Allen – H.M. Allen – H.W. Garrod, ed. Marie Delcourt, vols Ⅰ - Ⅻ, Bruxelles, Presses Académiques Européennes, s.c., 1967.

Altmann (et alii), Israeli = Altmann, A. – Stern, S. (and new introduction by A.L. Ivry), Isaac Israeli: A Neoplatonic Philosopher of the Early Tenth Century, Oxford University Press, 1958.

Ameling, Athens = Ameling, W., "Aulus Gellius in Athens", Hermes, 112(1984), 484-490.

Angellus = Monument Germaniae Historica, publ. Holder-Eg- ger, Script. rerum langob. et. ital. saec. Ⅵ - Ⅸ, Hannover 1878, 356(lines 41-42).

Arberry, Epitome = Arberry, A.J., "Some Plato in an Arabic

Epitome", Islamic Quarterly, 2 (1955), 86-99.

Asmus, Leben = Asmus, R., Das Leben des Philosophen Isidoros, Leipzig 1911.

Athanassiadi, Persecution=Athanassiadi, Polymnia, "Persecution and Response in Late Paganism : The Evidence of Damascius", Journal of Hellenic Studies, 83 (1993), 115-130.

—, Chaldean = Athanassiadi, Polymnia, "The Chaldean Oracles : Theology and Theurgy", in Pagan Monotheism in Late Antiq- uity, Polymnia Athanassiadi – B. Frede (eds), Oxford 1999, 149-183.

—, Damascius = Athanassiadi, Polymnia (ed. –transl.), Damascius : The Philosophical History, Athens 1999.

Athanassiadi, Julian = Athanassiadi, Polymnia, Julian. An Intellectual Biography, London / New York, Routledge, 1992.

Bachmann, Laudem = Bachmann, L., Theodori Ducae Lascaris imperatoris In laudem Nicaeae urbis oratio : e codice MS. Bibliothecae Regiae Parisinae, Rostochii [i.e. Rostock] : Typis J.M. Oeberg, 1847.

Badel, Roman = Badel, P-Y., "Le Roman de la Rose au XIVesiècle : Étude de la reception de l'oeuvre", Speculum, 56, 4 (1981), 844-847.

Bakhouche, Vision = Bakhouche, Béatrice, "La Théorie de la Vision dans Timée (45B2-D2) et son Commentaire par Calcidius (IVE S. De Notre Ère)", Journal of the International Plato Society, 5 (2005), 1-14.

—, Calcidius = Bakhouche, Béatrice, Calcidius. Commentaire au Timée de Platon, collab. Luc Brisson, vols I-II, Paris, Librairie Philosophique J. Vrin, 2011.

Banchich, Athens = Banchich, Th. M., "Eunapius in Athens",

Phoenix, 50, 3/4 (1966), 304-311.

Bardy, Philosophie = Bardy, G., "Philosophie' et philosophe'dans le vocabulaire chrétien des prémieres siècles", Revue d A' scétique et de Mustique, Toulouse, 25 (1949), 97-108.

Bartzeliotis, Critique = Bartzeliotis, L.K., Ἡ κριτικὴ τοῦ Ἀριστοτέλους παρὰ Πλήθωνι ὡς ἔκφρασις τοῦ ἀντιαριστοτελισμοῦ κατὰ τὸν ιε' αἰῶνα, Athens 1980.

Barnes, Tertullian = Barnes, T.D., Tertullian. A Historical andLiterary Study, Oxford 1971 (augmented edition 1985) . Barney (et alii), Isidore = Barney, S.A. – Lewis, W.J. – Beach.

— Bergof, O., The Etymologies of Isidore of Seville, Cambridge, Cambridge University Press, 2006.

Barra, Platone = Barra, G., "La biografia di Platone nel De Platone et eius dogmate'di Apuleio", Rendiconti dell A'cademia di Archeologia Lettere e Belle Arti di Napoli, 38 (1963), 5-18.

Batiffol, Rossano = Batiffol, P., L A'bbaye de Rossano. Contribution à L'Histoire de la Vaticane, Paris, A. Picard Éditeur, 1891.
Baudry, Origine = Baudry, J., Le problème de l'origine et de l'éternité du monde dans la philosophie grecque de Platonà l'ère chrétienne, Paris 1931.

Baynes, Pratum = Baynes, H., "The Pratum Spirituale", Orientalia Christiana Periodica, 13 (1947), 404-414.

Beck, Theodoros = Beck, H.-G., Theodoros Metochites : Die Krise des Byzantinischen Weltbildes im 144 Jahrhundert, München 1952.

—, Kirche = Beck, H.-G., Kirche und theologische Literatur im byzantinischen Reich, München 1959.

—, Palamismus = Beck, H.-G. (et alii), "Humanismus und Palamismus", Belgrade, Congrès International des Études Byzantines, I,

1961, 63-82, 321-330.

Bedouelle, Écritures = Bedouelle, G., Lefèvre d'Étaples et l'Intelligence des Écritures, Genève, Droz, 1976.

Benakis, Ideas (= Ἰδέες) = Benakis, L., 《Μιχαὴλ Ψελλοῦ,Περὶ τῶν ἰδεῶν, ἃς ὁ Πλάτων λέγει》, Φιλοσοφία, 3 (1973), 339-381.

Bergsträsser, Hunayn = Bergsträsser, G., Hunayn ibn Ish ā q. über die syrischen und arabischen Gälen-Übersetzungen, Leipzig 1925.

Bernhardy, Eratosthenica = Eratosthenica, ed. G. Bernhardy, Berlin 1822.

Bertermann, Vitae = Bertermann, W., De Iamblichi vitae Pythagoricae liber, Petropoli : Eggers & S. et I. Glasunof, 1884.

Berthold, Gellius = Berthold, H., "Aulus Gellius. Seine Bedeutung als Vermittler antiker Bildungsund Kulturtraditionen", WZHalle 29, 3 (1980), 45-50.

Bianca, Bibliotecae = Bianca, Concetta, "Niccolò Cusano e la sua Bibliotecae : Note, Notabilia', Glosse", Bibliothecae Selectae. Da Cusano a Leopardi, ed. E. Canone, Firenze, Leo S. Olsch- ki, 1993, 1-11.

Bidez, Timée = Bidez, J., "Psellus et le commentaire du Timée de Proclus", Revue philosophique, 29 (1905), 321-327.

—, Tradition = Bidez, J., La Tradition manuscrite et les éditions des discours de l'empereur Julien, Gande / Paris 1929.

—, La vie = Bidez, J., Vie de Porphyre. Le Philosophe Neoplatonicien, G. Olms, 1964.

Bigi, Aurispa = Bigi, E., "Aurispa, Giovanni ", DBI, 4 (1962), 593-595.

Birkenmajer, Briefe = Birkenmajer, A., "Neues zu dem Briefe der Pariser Artistenfakultät über de Tod des bl. Thomas von Aquin", Xenia

Thomistica, Roma 1925, 63.

Blumenthal, Proclus = Blumenthal, H.J., " Marinus'Life of Proclus : Neoplatonist Biography", Byzantion 54 (1984), 471-493.

BMC I-XII = Catalogue of Books Printed in the XVth Century now in the British Museum, London 1908-1985.

Bömer, Humanismus = Bömer, A., "Paulus Niavis, ein Vorkämpfer des deutschen Humanismus", Neues Archio für Sa- chisische Geschichte..., XIX (1989), 51-94.

Boissonade, Anecdota = Boissonade, Fr., Anecdota graeca e Codicibus Regiis, I I I , Paris 1831.

—, Daemonum = Boissonade, Fr., Michael Psellus, De operatione daemonum, Nuremberg 1838.

Bonniec, Adversus=Bonniec, H. Le, "Echos ovidiens dansl' Adversus nationes'd'Arnobe", in Colloque présence d'Ovide, R. Chevallier (ed.), Paris, Les Belles Lettres, 1982, 139-151. Booth, Elementary = Booth, A.D., "Elementary and Secondary Education in the Roman Empire", Florilegium 1 (1979), 1-14.

Borsa, Candido = Borsa, M., "Pier Candido Decembri e l'umanesimo in Lombardia", Milano, Archivio storico lombardo, 20 (1893), 5-75.

—, Umanista = Borsa, M., Un Umanista Vigevanasco del secoloXIV, Genève 1893.

Brown, Augustine = Brown, P.L.R., Augustine of Hippo : A biography, London 1967.

Bürgel, Phaido = Bürgel, J.C., "A New Arabic Quotation from Plato's Phaido and its Relation to a Persian Version of the Phaido", Actas, IVCongresso da Éstudos Árabes e Islāmicos, Leiden 1971, 281-290.

Buytaert-Mews, Opera = Petri Abaelardi Opera theologica, edsE.M. Buytaert – C.J. Mews, Corpus Christianorum, Continuatio medievalis, 11-13 (Turnhout), 1969, 1987.

C = Copinger, W. A., Supplement to Hain's Repertoium bibliographicum. Part II, 2, Volumes and Supplement, London, 1898-1902.

Cameron, Iamblichus = Cameron, Alan, "Iamblichus in Athens", Athenaeum, 45 (1967), 143-153.

Cammelli, Calcondila = Cammelli, G., Demetrio Calcondila, Greek translation by D. Arvanitakis, Athens, Kotinos, 2004.

—, Argiropulo = Cammelli, G., Giovanni Argiropulo, Greek translation by D. Arvanitakis, Athens, Kotinos, 2006.

—, Crisolora = Cammelli, G., Manuele Crisolora, Greek translation by Despoina Vlami, Athens, Kotinos, 2006.

Canivet, Théodoret = Canivet, Le monachisme syrien selon Théodoret de Cyr, Paris, Beauchense, 1977.

Capizzi, Anicia = Capizzi, C., "Anicia Giuliana (462 ca. 530 ca.) : Ricerche sulla sua famiglia e la sua vita", RSBN, n.s. 5 (1968), 191-226.

Census = Incunabula in American Libraries. A third census of fifteenth-century books recorded in North American collections, compiled and edited by F.R. Goff, New York, Kraus / Reprint, 1973.

Chadwick, Philoponus = Chadwick, H., "Philoponus the Christian Theologian", in Philoponus and the Rejection of Aristotelian Science, R. Sorabji (ed.), London 1987, 41-56.

Charta, I = Staikos, K. Sp., Charta of Greek Printing. The Contribution of Greek Editors, Printers and Publishers to the Renaissance in Italy and the West, vol. Ⅰ, 15th century, Cologne, Dinter 1998.

Cherniss, Criticism = Cherniss, H., Aristotle's Criticism of Platoand the Academy, vol. 1, Baltimore, The John Hopkins Press, 1944.

Clark, Origenist = Clark, E., The Origenist Controversy : The Cultural Construction of an Early Christian Debate, Princeton, University Press, 1992.

Claudin, Press = Claudin, A., The First Paris Press. An Accountof the Books Printed for G. Fichet and J. Heynlin in the Sorbonne 1470-1472, London, Printed for the Bibliographical Society at the Chiswick Press, 1897/1898.

Combès-Westerink, Damascius = Combès, J. – Westerink, L.G. (ed.-transl.), Damascius, Traité des premiers principes, Paris, Les Belles Lettres, 1986-1991.

Corviniana = Csapodi, Cs. – Csapodiné Gár Kl., Bibliotheca Corviniana, CORVINA, Magyar Helikon, 1976.

Courcelle, Confessions = Courcelle, P., Les Confessions de saint Augustin dans la tradition littéraire. Antécédents et posté- rité, Paris 1963.

Courveur, Phaedrum = Hermiae Alexandrini in Platonis Phaedrum Scholia, ed. P. Courveur, Paris 1901.

Craven, Symbol = Craven, W.G., Giovanni Pico della Mirandola. Symbol of his Age. Modern Interpretations of a Renaissance Philosopher, Genève, Librairie Droz, 1981.

Csapodi, Corvinian = Csapodi, Cs., The Corvinian Library. History and Stock, Budapest, Akadémiai Kiadó, 1973.

Dahlmann, Varro = Dahlmann, H., "Varro", RE Suppl., 6(1935),

1172-1277.

Degraaf, Cicero = Degraaf, Thelma B., "Plato in Cicero", Classical Philology, 35.2 (1940), 143-153.

Delaruelle, Connaissance = Delaruelle, E., "La connaissance du grec en Occident du Ve au IXe siècle", Mélanges de la Societé toulousaine d'études classique, I, 1946, 207-226.

Delisle, Recherches = Delisle, L., "Recherches sur l'ancienne bib- liothèque de Corbie", Mémoires de l A'cadémie des Inscriptions et Belles-Lettres 24 (1862), 266-342.

Della Torre, Storia = Della Torre A., Storia dell A'ccademia Platonica di Firenze, Firenze 1902.

Deuse, Theodoros = Deuse, W., Theodoros von Asine. Sammlung der Testimonien und Kommentar, Wiesbaden, Fr. Steiner, Verlag, 1973.

Díaz, Isidoriana = Díaz y Díaz, M.C. (ed.), Isidoriana : Colecajón de estudios sobre Isidoro de Sevilla publicados con ocasión del XIVcentenario de su nacimiento, León, Centro de estudios "San Isidoro", 1961.

Dillon, Heirs = Dillon, J., The Heirs of Plato. A Study of the OldAcademy (347-274 BC), Oxford, Clarendon Press, 2008. Dittmar, Aischines = Dittmar, H., Aischines von Sphettos : Stu- dien zu Literaturgeschiche der Sokratiker, Berlin 1912.

Dodds, Elements = Dodds, E.R., The Elements of Theology : ARevised Text with Transation, Introduction and Commentary, Oxford, Clarendon Press, 1963.

Domański, Fortuna = Domański, J., "La Fortuna di MarsilioFicino in Polonia nei secoli XV e XVI", Marsilio Ficino, vol.2, Firenze, Leo S. Olschki, 1986, 565-586. Donazzolo, Erudito = Donazzolo, P., "Francesco Patrizi da Cherso, erudito del secolo decimosesto (1529 —

1597)”, Atti e memorie della Società Istriana di archeologia e storia patria, XXVIII, 1912, 1-147.

Donini, Testi = Donini, P.L., “Testi e commenti, manuali e insegnamento : la forma sistematica e i metodi della filosofia in età postellenistica”, ANRW I I , 36.7, 1994, 5027-5100.

Dörrie, Platoniker = Dörrie, H., “Der Platoniker Evdoros von Alexandria”, Hermes, 79 (1944), 25-38.

—, Mysterium = Dörrie, H., “Das fünffach gestufte Mysterium.

Der Aufstieg der Seele bei Porphyrios und Ambrosius”, Mullus, Festschrift for Th. Klauser, JbAC, Engänzungsband 1, Münster 1964, 79-92.

—, Platonica = Dörrie, H., Platonica minora, München, W. Fink, 1976.

—, Antike = Dörrie, H., Die geschichtlichen Wurzeln des Platonismus : Text, Ubersetzung, Kommentar (Der Platonismus in der Antike), Frommann-Holzboog, 1987.

Downey, Education = Downey, G., “Education in the ChristianRoman Empire : Christian and Pagan Theories under Constantine and his Successors”, Speculum 32 (1957), 48-61.

Dräseke, Widerlegung = Dräseke, J., “Prokopios von Gaza. Widerlegung des Proclos”, BZ, 6 (1897), 55-91.

Dukas, Recherches = Dukas, J., Recherches sur l’histoire litteraire du quinzième siècle, Paris 1876.

Duneau, Écoles = Duneau, J.F., Les écoles dans les provinces de l’empire byzantine jusqu’à la conquète arabe, Paris 1971.

Düring, Biogr. = Düring, I ., Aristotle in the Ancient Biographical Tradition, Göteborg 1957.

—, Protrepticus = Düring, I ., Aristotle’s Protrepticus.An attempt at reconstruction, Göteborg 1961.

—, Aristoteles = Düring, I., Darstellung und Interpretation seines Denkens, Heidelberg, Carl Winter-Universitätsverlag, 1966.

Dzielska, Hypatia = Dzielska, Maria, Hypatia of Alexandria, transl. F. Lyra, Cambridge Mass., 1995.

Edwards, Neoplatonic = Edwards, M., Neoplatonic Saints: The Lives of Plotinus and Proclus by their Students, transl. Edwards, Liverpool 2000.

Eecke, Collection = Eecke, Paul Ver, Pappus d A'lexandrie. La Collection Mathématique, Bruges/Paris 1933.

Engen, Brothers = Engen, J. van, Sisters and Brothers of the Common Life. The Devotio Moderna and the World of the Later Middle Ages, University of Pensylvania Press, 2008. Évrard, Plutarque = Évrard, E., "LemaîtredePlutarqued'Athèneset les origines du Néoplatonisme Athénien", L A'ntiquité Classique, 29(1960), 108-133.

—, Hypatie = Évrard, E., "A quel title Hypatie enseigna-t-elle la philosophie?", Revue des Études Grecques, 90(1977), 69-74.

Failler, Tradition = Failler, A., "La tradition manuscrite de l'Histoire des Georges Pachymère(livres I-VI)', REB, 37(1979), 123-220.

Falcandus, Tyrants = Falcandus, H, The History of the Tyrants of Sicily, 1154-1169, transl. and commentary Gr. A. Loud and Th. Wiedemann, New York 1998.

Field, Origins = Field, A., The Origins of the Platonic Academy of Florence, Princeton University Press, 1988.

Fihrist = Dodge, B. (ed.- transl.), The Fihrist of al-Nadîm. A TenthCentury Survey of Muslim Culture, vols I-II, New York/ London,

Columbia University Press, 1970.

Fiocco, La casa = Fiocco, G., “La casa di Palla Strozzi”, Memorie dei Lincei, Classe scienze morali, ser. VIII, V, 7 (1954), 361-382.

Firmin-Didot, Alde Manuce = Firmin-Didot, A., Alde Manuce et l’Hellénisme à Venise, Paris 1875.

Fischer, Claudii = Fischer, G., Claudii Ptolemaei Geographiae Codex Urbinas Graecus 82, Biblioteca Apostolica Vaticana, 1932.

Fontaine, Culture = Fontaine, J., Isidore de Seville et la Culture Classique dans L’espagne wisigothique, Paris, Études Augustiniennes, 1983.

Franceschini, Liber=Franceschini, E., “Il Liber philosophorum moralium antiquorum” . Memorie della RealeAccademia dei Lincei. Classe di scienze morali, storiche e filologiche, ser. 6, vol. 3, 5 (1930), 355-399.

Frantz, Honors = Frantz, A., “Honors to a Librarian”, Hesperia35 (1966), 377-380.

—, Agora = Frantz, A., The Athenian Agora XXIV : Late Antiquity, Princeton 1988, 267-700.

Fuchs, Erasistratea = Fuchs, R., Erasistratea Quae in Librorum Memoria Latent Congesta Enarrantur, Leipzig 1892.

—, Schulen = Fuchs, R., Die höheren Schulen von Konstantinopel im Mittelalter, Leipzig/Berlin, Byzantinisches Archiv Heft 8, 1926.

Funaioli, Grammaticae = Funaioli, G., Grammaticae Romanae Fragmenta, ed. H. Funaioli, 1 vol., Leipzig 1907.

Fyrigos, Barlaam = Fyrigos, A., “Barlaam Calabro tra l’aristotelisimo scolastico e il neoplatonismo bizantino”, Il Veltro 27 (1983), 185-195.

Garin, Dottrina = Garin, E., Giovanni Pico della Mirandola : Vita e dottrina, Firenze, Le Monnier, 1937.

—, Dignitate = Garin, E., Giovanni Pico della Mirandola. De hominis dignitate, Heptaplus, De ente e uno e Scritti vari, ed.E. Garin, Firenze, Vallecchi, 1942.

—, Teologia = Garin, E., "La Theologia'Ficiniana", in Umanesimo e Machiavellismo, E. Castelli (ed.), Padua 1949, 21-33.

—, Platonismo = Garin, E., Studi sul Platonismo rinascimentale, Firenze 1958.

—, Cultura = Garin, E., La cultura del Rinascimento, Editori Latezza, 2010.

Gelzer, Cicero = Gelzer, M., Cicero, Ein biographisher Versuch, Wiesbaden 1969.

Gherardi, Statuti = Gherardi, A., Statuti della Università e Studio Fiorentino dell'anno 1387, seguiti da un'appendice di docu- menti dal 1320 al 1472, Firenze 1881.

Gigon, Neuen= Gigon, O., "Zur Geschichte der sogennanten Neuen Akademie", Museum Helveticum, 1944, 47-64.

—, Arnobio = Gigon, O., "Arnobio Cristianesimo e mondo romano", Mondo classico e christianesimo, Bibliografia Inter-nazionale di Cultura, Roma, 7 (1982), 87-100.

Golitsis, La date = Golitsis, P., "La date de composition de la Philosophia de Georges Pachymère et quelques précisions sur la vie de l'auteur", REB 67 (2009), 209-215.

Gothein, Barbaro = Gothein, P., Francesco Barbaro : FruhHumanismus und Staatskunst in Venedig, Berlin, Verlag di dieRunde, 1932.

Gratarolus, Dialogus = Gratarolus, G. (ed.), Dialogus de

Substantiis Physicis (Dragmaticon), Strasbourg 1567 (= reprint Frankfurt am Main 1967) .

Grignaschi, Pseudo = Grignaschi, M., “Lo pseudo Walter Burley e il Liber de vita et moribus philosophorum”, Medioevo : Ri-vista di storia della filosofia medievale, 16 (1990), 131-190. Grilli, Hortensius = Cicero, Marcus Tullius : Hortensius, ed. A.

Grilli, Milano 1962.

Grimal, Dictionnaire = Grimal, P., Dictionnaire de la mythologie Grecque et Romaine, Paris, Press Universitaire de France, 1951.

Guilland, Nicéphore = Guilland, R. (ed.-transl.), La correspondance de Nicéphore Grégoras, Paris, Les Belles Lettres, 1927. Gundert, Dialog = Gundert, H., “Dialog und Dialektik. Zur Struktur des platonischen Dialogs”, Studium Generale, 21 (1968), 295-387 and idem, Der platonische Dialog, Heidelberg 1968.

Gutas, Wisdom = Gutas, D., Greek Wisdom Literature in Arabic Translations. A Study of the Graeco-Arabic Gnomologia, New Haven 1975.

—, Symposion = Gutas, D., “Plato’s Symposion in the Arabic tradition”, Oriens 31 (1988), 36-60, 45-46.

—, Synopsis = Gutas, D., “Galen’s Synopsis of Plato’s Laws and Fārābī’s Talkhī’s”, in The Ancient Tradition in Christian and Islamic Hellenism, R. Kruk – G. Endress (eds), Leiden 1997, 101-119.

—, Thought = Gutas, D., Greek Thought. Arabic Culture, London, Routledge, 1998.

Guthrie, Neoplatonic = Guthrie, K.S., The Neoplatonic Writings of Numenius, Philosophy Series, 4, Selene Books, 1995.

GW = Gesamtkatalog der Wiegendrucke, ed. Kommission für Gesamtkatalog der Wiegendrucke, 8 vols, reprint, Stuttgart, A.

Hiersemann, 1968.

H = Hain, L, Repertorium bibliographicum in quo libri omnes ab arte typographica inventa usque ad annum MD, typis expressi ordine alphabetico vel simpiciter enumeratur vel adcuratius recensetur, 2 vols, Stuttgart/ Paris 1826-1838.

Hadot, Néoplatonisme = Hadot, I., Le problème du néoplatonisme alexandrin : Hiéroclès et Simplicius, Paris 1978.

—, Arts = Hadot, I., Arts libéraux et philosophie dans la pensée, antique, Paris 1984, 57 ff.

Hambruch, Topik = Hambruch, E., Logische Regeln der platonischen Schule in der aristotelischen Topik, Berlin, Weidmann, 1940.

Hankins, Translation = Hankins, J., "Some Remarks on the History and Character of Ficino's Translation of Plato", Marsilio Ficino, vol. 2, Firenze, Leo S. Olschki, 1986, 287-297.

Hass, Alexandria = Hass, C., Alexandria in Late Antiquity : Topography and Social Confict, Baltimore / London, John\s Hopkins University Press, 1997.

Hasse, Plato = Hasse, N.D., "Plato arabicolatinus : Philosophy – Wisdom Literature – Occult Sciences", in The Platonic Tradition in the Middle Ages. A Doxographic Approach, St. Gersh – M.J.F.M. Hoenen (ed.), with the support ofP.Th. van Wingerden, Berlin / New York, Walter de Gruyter, 2002, 31-65.

Hausherr, Theology = Hausherr, Irénée, S.J., "The Monastic Theology of St. John Climacus", American Benedictine Re- view, 38 (1987), 381-407.

Heitz, Schriften = Heitz, E., Die verlorenen Schriften des

Aristoteles, Leipzig 1865.

Henninger, Serranus = Henninger, S.K.Jr., "Sidney and Serranus", in Sidney in Retrospect, Arthur F. Kinney (ed.), Amherst, University of Massachusetts Press, 1988, 27-44.

Hercher, Epistolographi = Hercher, R., Epistolographi graeci, Paris, Firmin Didot, 1873.

Hiller, Theonis = Hiller, E., Theonis Smyrnaei Philosophi Platonici, expositio rerum mathematicarum ad legendum Platonem utillium, Leipzig 1878.

Hiller (et alii), Anthologia = Hiller, E. –Crusius, O. – Bergk, T., Anthologia lyrica : sive Lyricorum graecorum veterum prae- ter Pindarum : Reliquiae potiores, Teubner, 1904.

Hoffmann, I-III = Hoffmann, S.F.W., Bibliographisches Lexiconder gesammten Literatur der Griechen, Amsterdam, reprint Adolf M. Hakkert, 1961.

Horapollon = Maspero, J., "Horapollon et la fin du paganisme égyptien", Bulletin de l'Institut français d'Archeologie orientale, 11 (914), 163-194.

Huglo, Réception = Huglo, M., "La réception de Calcidius et des Commentarii de Macrobe à l'époque carolingienne", Scriptorium, 44-1 (1990), 3-20.

Hunink, Apologia = Hunink, V., Apuleius Pro Se De Magia (Apologia), Leiden, Brill, 1997.

Ideler, Physici = Ideler, J.L., Physici et medici graeci minores, vol. 1, Berlin 1841.

IG = Inscriptiones Graecae, Berlin, 1873.

Igal, Gnostic = Igal, J., "The Gnostic and The Ancient Philosophy'in Plotinus", in Neoplatonism and Early Christian Thought : Essays in Honour of A. H. Armstrong, A.H. Armstrong – H.J. Blumenthal – R.A. Markus (eds), London, Variorum Publication, 1981, 138-149.

Impellizzeri, Barlaam= Impellizzeri S., "Barlaam Calabro", DBI I (1964), 392-397.

Irmscher, Gazes = Irmscher, J., "Theodoros Gazes als griechischer Patriot", La Parola del Passato, 16 (1961), 161-173. Ivánka, Plato = Ivánka, E. von, Plato christianus. Übernahme und Umgestaltuung des Platonismus durch die Väter, Einsiedeln, Johannes Verlag, 1964.

Jackson (et alii), Olympiodorus = Jackson, R. – Lykos, K. – Tarrant, H. (transl.), Olympiodorus'Commentary on Plato's Gorgias, Leiden, Brill, 1998.

Jaeger, Early = Jaeger, W., Early Christian and Greek Paidea, Cambridge 1961.

Jahn, Florentius = Νικηφόρος Γρηγορᾶς, Φλωρέντιος, ed. A. Jahn, Jahrbücher für Philologie und Pädagogik, Suppl. 10 (1844), 485-536, 11 (1845), 387-392.

Jean, Babyloniens = Jean, C.F., La littérature des Babyloniens et des Assyriens, Paris 1924.

Kalligas, Ennead, Plot. = Kalligas, P., Πλωτίνου Ἐννεὰς Πρώτη. Ancient text, translation, commentary, Athens, Academy of Athens, 2006.

Kalfas, Timaeus = Kalfas, V., Plato's, Timaeus, introduction, translation, commentaries, Kalfas, V., Athens, Polis, 19972.

—, Comedy = Kalfas, V., 《Ὁ πλατωνικὸς διάλογος καὶ ἡ ἀττικὴ κωμωδία》, in Αἰσθητικὴ καὶ Τέχνη, eds G. Zografidis –G.

Kougioumtakis, Herakleion, Crete University Press, 2008, 123-138.

Karasmanis, Mathematics = Karasmanis, V., "Mathematics in Plato's Academy", in press.

Karivieri, House = Karivieri, Arja, "The House of Proclus on the Southern Slope of the Acropolis : A Contribution", in Post- Herculian Athens : Aspects of Life and Culture in Athens, A.D. 267-529, P. Castrén (ed.), Helsinki 1994, 89-113.

Kayser, Crantore = Kayser, F., De Crantore Academico (doctoraldissertation), Heidelberg 1841.

Kennedy, Abbasid = Kennedy, H., The Early Abbasid Caliphate, a political history, London, Croom Helm, 1981.

Kieszkowski, Platonismo = Kieszkowski, B., Studi sul Platonismo del Rinascimento in Italia, Firenze, Sansoni, 1936. Klibansky, Continuity = Klibansky, R., The Continuity of thePlatonic Tradition During the Middle Ages, London S.W., The Warburg Institute, 1939.

—, Parmenides = Klibansky, R., Plato's Parmenides in the Middle Ages and the Rennaissance. A chapter in the History of Platonic Studies, München, Kraus International Publications, 1980. Knust, Moribus = Knust, H., Gualteri Burlaei Liber de Vita et Moribus Philosophorum, Tübingen, Frankfurt am Main 1889.

Kougeas, Arethas = Kougeas, S., Ὁ Καισαρείας Ἀρέθας καὶ τὸἔργο αὐτοῦ, Athens 1913.

Kraus -Walzer, Plato Arabus, I = Plato Arabus : Galeni compendium Timaei Platonis : Aliorumque dialogorum synopsis quae extant fragmenta, eds P. Kraus – R. Walzer, London 1951. Krause, Studia = Krause, H., Studia neoplatonica, Leipzig, O.Schmidt, 1904.

Kristeller, Supplementum = Kristeller, O. (ed.), Supplementum Ficinianum, 2 vols, Firenze 1937.

—, Studies = Kristeller, O., Studies in Renaissance Thought and Letters, Rome 1956.

—, The First = Kristeller, O., “The First Printed Edition of Plato’s Works and the Date of its Publication (1484)”, Science and History, Studies in Honor of Edward Rosen, Wrocław 1978, 25-35.

—, Ficino = Kristeller, O., “Marsilio Ficino and his Work after Five Hundred Year”, Marsilio Ficino, vol. 2, Firenze, Leo S. Olschki, 1986, 15-196.

Kroll, Oraculis = Kroll, W., De Oraculis Chaldaicis, HildesheimG. Olms, 1962.

Kumaniecki, Oratore = Marcus Tullius Cicero, De oratore, ed.

K. F. Kumaniecki, Leipzig 1969.

Lagarde, Differences = Lagarde, B. “Des differences entre Platon et Aristote” (doctoral dissertation), Université de Sorbonne, Paris 1976.

Lang – Macro, Eternity = Lang, H.S. – Macro, A.D. (ed.-transl.), Proclus: On the Eternity of the World (De aeternitate mundi), Berkeley/ Los Angeles 2001.

Langerbeck, Saccas = Langerbeck, H., “The Philosophy of Ammonius Saccas”, Journal of Hellenic Studies, 77 (1957), 67-74.

Legrand, Centdix = Legrand, É., Cent-dix lettres grecques deFrançois Philelphe, Paris 1892.

Lemerle, Humanisme = Lemerle, P., Le Premier Humanisme Byzantin. Notes et remarques sur l’enseignement et culture à Byzance des origines au Xe siècle, Paris, Presses Universi- taires de France, 1971.

Levi, Megara = Levi, A., Le dottrine filosofiche della Scuola diMegara, Roma, Dott. Giovanni Bardi, 1932.

Libera, Albert = Libera, A. de, Albert le grand et la philosophie,

Paris 1990.

Littig, Andronikos = Littig, F., Andronikos von Rhodos, vols I-III, München, Erlangen (1890—1895).

—, Φιλοσοφία = Littig, F., "Die Φιλοσοφία des Georgios Pachymeres", Programm des Maximilians-Gymnasiums in München fur das Schuljahr, München 1891, 89-98.

Lockwood, Benzi = Lockwood, D.P., Ugo Benzi, Medieval Philosopher and Physician, 1376-1439, Chicago 1951.

Lowry, Libraries = Lowry, M.J.C., "Two Great Venetian Libraries in the Age of Aldus Manutius", Bulletin of the John Rylands University Library of Manchester 1 (57), 1974, 128-139.

—, Academy = Lowry, M.J.C., "The New Academy' of Aldus Manutius : A Renaissance Dream", Bulletin of the John Rylands University Library of Manchester 58, 2 (1976), 378-420. Luck, Antiochus = Luck, G., "Der Akademiker Antiochus", Noctes Romanae, 7, Berne 1953.

Lupton, Life = Lupton, J. H., A Life of John Colet, D.D., Dean of St. Paul's and Founder of St. Paul's School, 1887.

Luscombe, Medieval = Luscombe, D. E., Medieval Thought : A History of Western Philosophy, Oxford University Press, 1997.

Lütjohann, Socratis = Lütjohann, Chr., Apuleii Platonici Madaurensis De Deo Socratis Liber, Greisfwald 1878.

Madec, Philosophie = Madec, G., Saint Ambroise et la philosophie, Paris, Études Augustiniennes, 1974.

—, Homme = Madec, G., "L' homme interieur selon Saint Ambroise", in Ambroise de Milan XVIe Centenaire de son élection épiscopale. Dix études, Y.M. Duval (ed.), Paris 1974, 283-308.

Magheri, Lausaikon = Magheri Cataluccio, Maria Elena, Il Lausaikon di Palladio tra semiotica e storia, Roma, Herder, 1984. Mahoney, Inf luence = Mahoney, E.P., "Marsilio Ficino's Influence on Nicoletto Vernia, Agostino Nifo and Marcantonio Zimara", Marsilio Ficino, vol. 2, Firenze, Leo S. Olschki, 1986, 509-531.

Maïer, Formation = Maïer, Ida, Ange Politien. La formation d'un poète humaniste (1469-1480), Genève, Librairie Droz, 1966. Mariev, Traktat = Mariev, S., "Der Traktat De natura et arte des Kardinals Bessarion", Inter graecos latinissimus, inter latinos graecissimus, Berlin / New York, De Gruyter, 2013, 361-389. Markopoulos, Search = Markopoulos, Ath., "In Search forHigher Education' in Byzantium", volume dedicated to L. Maksimović, Zbornik Radova, 50/1 (2013), 29-45.

Marrou, Histoire = Marrou, H.I., Histoire de l'éducation dans l'antiquité, Paris, Éditions du Seuil, 1958.

Martano, Numenio = Martano, G., Numenio d A' pamea. Un precursore del Neoplatonismo, Napoli 1960.

Masai, Oeuvre = Masai, Fr., "L' Oeuvre de Georges Gémiste Pléthon", Bulletin de l A' cademie royale de Belgique, Classe des Lettres, 1954, 536-555.

—, Pléthon = Masai, Fr., Pléthon et la Platonisme de Mistra, Paris, "Les Belles Lettres", 1956.

Matthew, Kingdom = Matthew, D., The Norman Kingdom of Sicily, Cambridge University Press, 1992

Maurach, Mundi = de Conches, Guillelmus, De philosophia mundi, Maurach, G. (ed.), Pretoria, University of South Africa Press, 1980.

Mélanges = "Mélanges d'Eugène Tisserant", I, Studi et Testi, Città del Vaticano, 231, 1964, 25 ff.

Mestwerdt, Devotio = Mestwerdt, P. von, Die Anfänge des Erasmus : Humanismus und "Devotio moderna", Leipzig 1917.

Mettmann, Bocados = Mettmann, W., "Neues zur Überlieferungsgeschichte der sogenannten Bocados de Oro", in Wort und Text : Festschrift für Fritz Schalk, H. Meier – H. Sckommo- dau (eds), Frankfurt am Main 1963.

Meuthen, Sketch = Meuthen, E., Nicholas of Cusa : A Sketch for a Biography, translation and introduction D. Crowner – G. Christianson, The Catholic University of America Press, 2010. Meyndorff, Palamas = Meyndorff, J., Grégoire Palamas. Défense de saints hésychastes, 2 vols, Louvain 1973.

Miglio, Bussi = Miglio, M., "Bussi, Giovanni Andrea", DBI 15 (1972), 565-572.

Mioni, Biblioteca = Mioni, E., "La biblioteca greca di Marco Musuro", A V, 5th ser., 93 (1971), 5-28.

—, Antologia = Mioni, E., "L\Antologia Greca da Massimo Planude a Marco Musuro", Scritti in onore di Carlo Diano, Bologna 1975, 263-309.

Miscellanea Philosophica = Müller, G. Chr. M., Theodori Metochitae, Miscellanea Philosophica et Historica Graece, Lepzig 1821.

Mohler, Bessarion = Mohler, L., Kardinal Bessarion als Theologe, Humanist und Staatsmann : Funde und Forschungen, 3 vols, Paderborn 1923-1942.

Monfasani, Trebizond = Monfasani, J., George of Trebizond : A Biography and a Study of his Rhetoric and Logic, Leiden 1976.

—, Nicholas = Monfasani, J., "Nicholas of Cusa, the Byzantines and the Greek language", in Nicolaus Cusanus zwischen Deutschland und Italian, Martin Thurmer (ed.), 2002.

—, Perotti = Monfasani, J., “Niccolò Perotti and Bessarion’s In Calumniatorem Platonis”, Niccolò Perotti of Humanism andPolitics, Renaessanceforum. Tidsskrift for Renaessancefor- skning, 7 (2011), 181-216.

Monfrin, Historia = Monfrin, J. (ed.), Pierre Abélard : Historiacalamitatum, Paris 1962.

Moraux, Listes = Moraux, P., Les Listes Anciennes des Ouvrages d A’ ristotle, Louvain 1951.

—, Aristotelismus = Moraux, P., Der Aristotelismus bei den Griechen von Andronikos bis Alexander v. Aphrodisias, vol. 2, Berlin / New York, Walter De Gruyter, 1984.

More, Utopia = Τρία κείμενα γιὰ τὴν οὐτοπία (Three texts about Utopia) . Thomas More, Οὐτοπία, Francis Bacon, Νέα Ἀτλαντίς, Henry Neville, Ἡ νῆσος τῶν Πάιν, Greek translation byG. Kondylis, ed. S. Rozanis, Athens, Metaichmio, 2007.

Morgan, Education = Morgan, Teresa, Literature education in the Hellenistic and Roman worlds, Cambridge, Classical Studies, 1998.

Muccillo, Patrizi = Muccillo, Maria, “Marsilio Ficino e Francesco Patrizi da Cherso”, Marsilio Ficino, vol. 2, Firenze, Leo S. Olschki, 1986, 615-679.

Müller, Lascaris = Müller, K., “Neue Mittheilungen über Janos Lascaris und die Mediceische Bibliothek”, Centralblatt für Bibliothekswesen, 1 (1884), 333-412.

Napoli, Controversia = Napoli, G.Di, “Il cardinale Bessarione nella controversia fra platonici ed aristotelici”, Miscellanea Francescana, 73 (1973), 327-350.

Nardi, Saggi = Nardi, B., Saggi sull'aristotelismo padovano dal secolo XIV al XVI, Firenze 1958.

Nauroy, Combat = Nauroy, G., "Le Fouet et le miel. Le combat d'Ambroise en 386 contre l'arianisme milanais", RechAug, 33 (1988), 3-86.

Neugebauer, Mathematical = Neugebauer, O., A History of Ancient Mathematical Astronomy, New York 1975.

Neumann, Mémoire = Neumann, C., Mémoire sur la vie et les ouvrages de David, Philosophe Arménien du Ve siècle de notre ère, Extrait Nouveau Journal Asiatique, III (1829) .

Nöldeke, Mansur = Nöldeke, T., "Der Calif Mansur", Sketchesfrom Eastern History (English translation by J.S. Black), London, A dam and Charles Black, 1892.

Nolhac, Pétrarque = Nolhac, M.P. de, Pétrarque et l'Humanisme, 2 vols, Paris 1907.

Norden, Varro = Norden, E., Varro's Imagines, Berlin, B. Kytzlier, 1990.

Novati, Epistolario = Novati, F. (ed.), L'Epistolario di Coluccio Salutati, Istituto Storico Italiano, vol. III, Roma 1896.

Oleroff, Copiste = Oleroff, A., "Démétrius Trivolis, copiste et bibliophile", Scriptorium 4/2 (1950), 260-263.

Panizzi Lectures = Trapp, J.B. (ed.), The Panizzi Lectures 1990. Erasmus, Colet and More : The Early Tudor Humanists and their Books, The British Library, 1991.

Papachatzis, Com. on Paus. Att. = Papachatzis, N.D., Pausanias, Description of Greece, Attica, commentary, translation, edit- ing, N.D.

Papachatzis, Athens, Ekdotike Athenon S.A., 1974. Papathanassiou, Stephanos = Papathanassiou, Maria, "Stephanos of Alexandria : A Famous Byzantine Scholar, Alchemist and Astrologer", in The occult sciences in Byzantium, P. Magda- lino–Maria Mavroudi (eds), Geneva, la pomme d'or, 2006, 163-203.

Papathomopoulos, Paramythia = Papathomopoulos, M., Βοήθιου, Βίβλος περὶ παραμυθίας τῆς φιλοσοφίας ἣν μετήνεγκενεἰς τὴν ἑλλάδα διάλεκτον Μάξιμος ὁ Πλανούδης, critical edi- tion, Athens, Academy of Athens, 1999.

Paredi, Ambrogio = Paredi, A., S. Ambrogio e la sua età, Milano1960.

Parent, Doctrine = Parent, J.M., La Doctrine de la création dans l'école de Chartes, Institut d'Études Médiévales d'Ottawa, Paris 1938, 124-136.

Pargoire, L'Église = Pargoire, J., L'Église Byzantine de 527 à847, Paris, Librairie Victor Leroffre, 19052.

Patch, Tradition = Patch, H.R., The Tradition of Boethius. A Study of his Importance in Medieval Culture, New York 1935. Payne, Alfred = Payne, F. A., King Alfred and Boethius : An analysis of the Old English version of the Consolation of Philosophy, Madison Wis. 1968.

Pertusi, 《 'Ερωτήματα》= Pertusi, A., 《'Ερωτήματα : Per la storia e le fonti delle prime grammatiche greche a stampa》, IMUV (1962), 321-350.

—, Leonzio = Pertusi, A., Leonzio Pilato fra Petrarca e Boccaccio, Venice / Roma 1979.

Pfeiffer, Callimachus = Pfeiffer, R. Callimachus, I-II, Oxford, Clarendon Press, 1949-1953.

—, Geschichte = Pfeiffer, R., Geschichte der Klassischen

Philologie. Von den Anfängen bis zum Ende Hellenismus, Mün- chen, Verlag C.H. Beck, 1978.

PG = Patrologiae Cursus Completus. Series Graeco-Latina, ed.J.P. Migne, vols 1-161, Paris 1857-1866.

Philippe, Guillaume = Philippe, J., Guillaume Fichet. Sa Vie ses Oeuvres, Annecy 1892.

Piccolomini, Ricerche = Piccolomini, E., "Ricerce intorno alle condizioni e alle vicende della libreria Medicae privata dal 1494 al 1508", Archivio Storico Italiano, 19 (1874), 282-296.

—, Intorno = Piccolomini, E., Intorno alle condizioni e alle vicende della Libreria Medicea Privata, Firenze 1875.

Pisan (et alii), Débat = Pisan, Christine – J. Gerson – J. de Monreuil – Gontier et Pierre Col (eds), Le débat sur le "Roman de la Rose", critical edition, Eric Hicks (introduction-notes), Paris, Champion, 1977.

PL = Patrologiae cursus completus, series Latina, ed. J. P. Migne, Paris.

Plasberg, Timaeus = Plasberg, O., M. Tulii Ciceronis... Timaeus, Leipzig, Teubner, 1908.

Posner, Archives = Posner, E., Archives in the Ancient World, Cambridge Mass. 1972.

Post, Devotion = Post, R.R., The Modern Devotion. Confrontation with Reformation and Humanism, Leiden, E.J. Brill, 1968.

Powell, Michael = Powell, J.E., "Michael Apostolis gegen Theodoros Gazas", BZ 38 (1938), 71-86.

Praechter, Gaios = Praechter, K., "Zum Platoniker Gaios", Hermes, 51 (1916), 510-529.

Proclus, In Platonis = Proclus, In Platonis Rem Publicam Commentarium, ed. W. Kroll, vol. II, Leipzig 1901, 218.

Purnell, Sources = Purnell, Fr. Jr., "The Theme of Philosophic Concord and the Sources of Ficino's Platonism", Marsilio Ficino, vol. 2, Firenze, Leo S. Olschki, 1986, 397-415.

Rabe, Platon = Rabe, H., "Die Platon-Handschrift Ω' ", Rheinisches Museum, n.s. 63 (1908), 235-238.

Rankin, Athenagoras = Rankin, D., Athenagoras. Philosopher and Theologian, Farnham / Burlington 2009.

Reichling, Humanisten = Reichling, D., "Beiträge zur Charakteristik der Humanisten Alexander Hegius, Joseph Horlenius, Jacob. Montanus und Johannes Murmellius", Monatsschrift für rheinisch..., 1877.

Renaudet, Préréforme = Renaudet, A., Préréforme et Humanisme à Paris pendant les premières guerres d'Italie (1494—1517), Paris 1916.

Renouard = Renouard, Ant. Aug., Annales de l'imprimerie desAlde, ou Histoire des trois Manuce et de leurs éditions, Paris1834.

—, Annales = Renouard, Ant. Aug., Annales de l'imprimerie des Estiennes, 2 vols, Paris 18432.

Reverdin, Platon = Reverdin, O., "Le Platon d'Henri Estienne", Museum Helveticum 13 (1956), 239-250.

Rhein, Consolatio = Rhein, E., Die Dialogstruktur der Consolatio philosophiae des Boethius (doctoral dissertation), Frankfurt 1963.

Ricci, Ignorantia = "De Ignorantia", in Prose, P.G. Ricci (ed.), 756 (see Wilkins, E.H., The Prose Letters of Petrarch. A manual, New York, S.F. Vanni, 1951) .

Riet, Philosophia = Van Riet, S., Avicenna. Liber de philosophia prima, sive, Scientia divina, 3 vols, Louvain / Leiden 1977- 1980.

Rochon, Laurent = Rochon, A., La Jeunesse de Laurent de Medicis (1449—1478), Paris, Les Belles Lettres, 1963.

Roger, Introduction = Roger, M., L'enseignement des lettres classiques d A'usone à Alcuin : Introduction à l'histoire des écoles carolingiennes, Paris 1905.

Roper, Lyfe = Roper, W., Lyfe of Sir Thomas Moore, London, Oxford University Press, 1958.

Rosenthal, Sayings = Rosenthal, F., "Sayings of the Ancients from Ibn Durayd's Kit ā b al-Majtanā", in F. Rosenthal, Greek Philosophy in the Arab World. A Collection of Essays, Alder- shot 1990.

Ross, Theory = Ross, D., Plato's Theory of Ideas, Oxford, Clarendon Press, 1951.

Rotondò, Tignosi = Rotondò, A., "Nicolò Tignosi da Foligno (Polemiche aristoteliche di un maestro del Ficino)", Rina- scimento, 9 (1958), 217-255.

Rötzer, Octavius = Rötzer, H.G., "Der Octavius des Minucius Felix. Christliche Apologetik und heidnische Bildungstradition", Europäische Lehrdinchtung, Festschrift for W. Naumann, Darmstadt 1981, 33-48.

Ryle, Progress = Ryle, G., Platon's Progress, Cambridge at the University Press, 1966.Saffrey, Chrétien = Saffrey, H.D., "Le chrétien Jean Philopon et la survivance de l'École d'Alexandrie, au VIe siècle", Revue des Études Grecques, 67 (1954), 396-410.

Saffrey-Westerink, Théologie = Saffrey, H.D. – Westerink, L.G. (eds-transl.), Proclus, Théologie platonicienne, vol. 6, Paris, Les Belles Lettres, 1968-1997.

Sandy, Recent = Sandy, G.N., "Recent Scholarship on the Prose

Fiction of Classical Antiquity", Classical World, 67 (1974), 321-360.

Scaglione, Scholar = Scaglione, A., "The Humanist as Scholar and Politian's Conception of the Grammaticus'", Studies in the Renaissance, Ⅷ (1961), 49-70.

Schibli, Hierocles = Schibli, H., Hierocles of Alexandria, Oxford2002.

Schmekel, Philosophie = Schmekel, A., Die Philosophie der mittleren Stoa, Berlin 1892.

Schmidt, Pinakes = Schmidt, F., Die Pinakes des Kallimachus, Berlin 1922.

Schmidt, Latenische = Schmidt, W.O., "Latenische Literatur in Byzanz : Die Übersetzungen des Maximos Planudes und die moderne Forschung", JÖBG, 17 (1968), 127-147

Scholderer, Petition = Scholderer, V , "The Petition of Sweynheim and Pannartz to Sixtus IV", The Library, ser. 3, 6 (1915), 186-190.

Schreiber, Estiennes = Schreiber, F., The Estiennes. A n Annotated Catalogue of 300 Highlights of their Various Presses, New York, E.K. Schreiber, 1982.

Schröbler, Notker Ⅲ = Schröbler, L., Notker Ⅲ, von St. Gallen als Übersetzer und Kommentator von Boethius'de Consolatione Philosophiae, Tübingen 1953.

Schroeder, Ammonius = Schroeder, F.M., "Ammonius Saccas", Aufstieg undNiedergang derRömischen Welt, Ⅱ, 36, 1 (1987), 493-526.

Ševčenko, Autobiographies = Ševčenko, I., "Nicéphore Blemmydès, Autobiographies (1264 et 1265)", in La Civiltà bizantina dal XII al XVsecolo, Roma 1982, 111-137.

Shirò, Βαρλαάμ = Shirò, G., Ὁ Βαρλαὰμ καὶ ἡ φιλοσοφία εἰς τὴν

Θεσσαλονίκη κατὰ τὸν δέκατον τέταρτον αἰῶνα, Thessaloniki, ΕΜΣ, 1959.

Shorey, Modern = Shorey, P., Platonism Ancient and Modern, Berkeley / California, University of California Press, 1938.

Sicherl, Mysteriis = Sicherl, M., Die Handschriften, Ausgaben und Übersetzungen von Iamblichos De Mysteriis, Berlin, Akademie-Verlag, 1957.

—, Platonismus = Sicherl, M., "Platonismus und Textüberlieferung", JÖBG, 15(1966), 201-229.

Sifakis, Ode = Sifakis, G.M.,《Μάρκου Μουσούρου τοῦ Κρητὸς ποίημα εἰς τὸν Πλάτωνα》, Κρητικὰ Χρονικά, 8(1954), 366-388.

Slater, Pinakes = Slater, W.J., "Aristophanes of Byzantium on the Pinakes of Callimachus", Phoenix, vol. 30, no. 3(1976), 234-241.

Smith, Epistolario = Smith, L. (ed.), Epistolario di Pier Paolo Vergerio, Istituto Storico Italiano per il Medioevo, Roma 1934.

Sodano, Timaeum = Sodano, A.R., Porphyrii. In Platonis Timaeum Commentaria(fragmenta), Napoli 1964.

Solmsen, Eratosthenes = Solmsen, F., "Eratosthenes as Platonist and Poet", TAPA, 73(1942), 192-213.

—, "Organon" = Solmsen, F., "Boethius and the History of theOrganon'", AJPh 65(1944), 69-74.

Somfai, Transmission = Somfai, Anna, The Transmission and Reception of Plato's "Timaeus" and Calcidius's Commentary during the Caroligian Renaissance(doctoral dissertation), Cambridge University, 1998.

Steel, Questiones = Steel, R., "Questiones supra Librum de causis" of Roger Bacon [= Opera hactenus inedita Rogerii Baconis, XII [Oxford 1935], 161-187.

Steinacker, Kirche = Steinacker, H., "Die römische Kirche und die griechischen Sprachkenntnisse des Frühmittelalters", Mit. des Inst. für Oest. Gesch. 62 (1954), 28-66.

Stéphanou, Humaniste = Stéphanou, P., J. Jean Italos, philosophe et humaniste (Orientalia Christiana Analecta 134), Roma 1949.

Stevenson, Epitome = Stevenson, J., "The Epitome of Lactantius Divinae Institutiones", StudPart, 7 (1963), published in 1966 (291-298) .

Sulowski, Sources = Sulowski, J., "The Sources of BoethiusDe Consolatione Philosophiae", Sophia, 29 (1961), 67-94. Staikos, The Great Libraries = Staikos, K. Sp., The GreatLibraries from Antiquity to the Renaissance (3000 B.C. to A.D. 1600), tr. T. Cullen, New Castle, Del. : Oak Knoll Press/ London : The British Library, Athens 2000.

—, Library Ⅰ = Staikos, K. Sp., The History of the Library in Western Civilization. From Minos to Cleopatra, vol. Ⅰ, Athens, Kotinos, 2002.

—, Library Ⅱ = Staikos, K. Sp., The History of the Library in Western Civilization. From Cicero to Hadrian, vol. Ⅱ, Athens, Kotinos, 2005.

—, Library Ⅲ = Staikos, K.Sp., The History of the Library in Western Civilization. From Constantine the Great to Cardinal Bessarion, vol. Ⅲ, Athens, Kotinos, 2006.

—, Library Ⅳ = Staikos, K.Sp., The History of the Library inWestern Civilization. From Cassiodorus to Furnival, vol. Ⅳ, Athens, Kotinos, 2010.

—, Library Ⅴ = Staikos, K. Sp., The History of the Library in Western Civilization. From Petrarch to Michelangelo, vol. Ⅴ, Athens, Kotinos, 2012.

—, Plato = Staikos, K.Sp., The Library of Plato and the Academy, Athens, Aton, 2013.

Tarrant, Surrender = Tarrant, H., "Olympiodorus and the Surrender of Paganism", Byzantinische Forschungen, 24(1997), 181-192.

Tatakis, Phil. Byzant. = Tatakis, B., Histoire de la Philosophie.

Fascicule Supplémentaire No II. La Philosophie Byzantine, Paris, VIe, Presse Universitaires de France, 19592.

Tayeb, Reig = Tayeb, El-Hibri, The reig of the Abbasid Caliph Al-Ma'mun (811 —833): the quest of power and the crisis of Legitimacy (doctoral dissertation), Columbia University, 1994. Taylor, Maximus = Taylor, Th., The Dissertations of Maximus Tyrius. Translated from the Greek, 2 vols, London, C. Whittingham 1804.

Taylor, Plato = Taylor, A.E., Plato: The Man and his Work, London, Methuen & Co Ltd., 1978.

Testard, Augustin-Cicéron = Testard, M., Saint Augustin et Cicéron, 2 vols, Paris 1958.

Thomas, Dialogus = Thomas, R. (ed.), Petri Abelardi. Dialogus inter Philosophum, Iudaeum et Christianum, Stuttgart/ Bad Cannstatt, 1970.

Thomasset, Secrés = Thomasset, Cl. A., Placides et Timéo ou Li secrés as philosophes, critical edition, Paris/Gèneve, Droz, 1980. Thunberg, Vision = Thunberg, L., Man and the Cosmos: The Vision of St. Maximus the Confessor, New York, Crestwood, 1985.

Tibiletti, Anima = Tibiletti, C., "Tertulliano e la dottrina dell' Anima naturaliter christiana", AA T, 88(1953 —1954), 84-117. Tresling, Agricolae = Tresling, T.F., Vita et Merita RudolphiAgricolae, Groningen, 1830.

Turner, Greek = Turner, E.G., Greek Papyri : An introduction, Oxford, Oxford University Press, 1968.

Turyn, Anthology = Turyn, A., Demetrius Triclinius and the Planudean Anthology, reprint from Λειμὼν προσφορᾶς εἰς τὸν καθηγητὴν N.B. Τωμαδάκην ἐν Ἀθήναις, 1973.

Uebinger, Gotteslehre = Uebinger, J., Die Gotteslehre des Nicolaus Cusanus, Münster-Paderborn, 1888.

Ullman, Favorite = Ullman, B.L., "Petrarch's Favorite Books", TAPA 54 (1923), 21-38.

—, Humanism = Ullman, B.L., The Humanism of Coluccio Salutati, Padova 1963.

Usener, Analecta = Usener, H.K., Analecta Theophrastea (doctoral dissertation), Leipzig, Teubner, 1858, published in Kleine Schriften, I, 50-87.

—, Stephano = Usener, H.K., De Stephano Alexandrino, commentario, Bonn 1880.

Vancourt, Derniers = Vancourt, R., Les derniers commentateurs Alexandrins d A'ristotle: l'école de Olympiodore, Étienne d A'lexandrie, Lille 1941.

Verpeaux, Choumnos = Verpeaux, J., Nicéphore Choumnos. Homme d'état et humaniste Byzantin (ca. 1250/1255—1327), Paris 1959.

Verrycken, Development = Verrycken, K., "The Development of Philoponus Thought and its Chronology", in Aristotle Transformate, R. Sorabji (ed.), London 1990, 233-274.

Vespasiano da Bisticci, Vite = Vespasiano da Bisticci, Le Vite,

Aulo Greco (ed.), 2 vols, Firenze, Instituto Nazionale di Studi sul Rinascimento, 1970-1976.

Veterani, Urbinate = Veterani, F. fra, "Inventario della Libreria Urbinate compilato nel sec. XV da Federico Veterano bibliotecario di Federico I, duca d'Urbino", Giornale storico degli Archivi Toscani, VI, 1862, 127-147.

Völker, Scala = Völker, W., Scala Paradisi : Eine Studie zu Johannes Climacus and zugleich eine Vorstudie zu Symeon dem Neuen Theologen, Wiesbaden 1968.

Voss, Heraclidis = Voss, O., De Heraclidis Pontici vita et scriptis (doctoral dissertation), Rostock 1896.

Vyver, Traductions = Vyver, A. van de, "Les traductions du De consolatione philosophae de Boèce en littérature comparée", H&H, 6 (1939), 247-273.

Walker, Ancient = Walker, O., The Ancient Theology, Ithaca, 1972. Walker, Astrology = Walker, D.P., "Ficino and Astrology", Marsilio Ficino, vol. 2, Firenze, Leo S. Olschki, 1986, 341-349. Wallach, Alcuin = Wallach, L., Alcuin and Charlemagne : Studies in Carolingian History and Literature, Ithaca 1959. Walzer, Buruclus = Walzer, R.R., "Buruclus", The Encyclopaedia of Islam, New Edition, vol. 1, Leiden / London 1960, 1.340.

—, Alfarabi Index = Walzer, R.R., Alfarabi. On the Perfect State, Oxford 1985, see Index.

Watts, Response = Watts, E.J., "An Alexandrian Christian Response to Neoplatonic Influence", in The Philosopher and Society in Late Antiquity, A. Smith (ed.), Swansea 2005, 215-230.

—, School = Watts, E.J., City and School in Late Antique Athens and Alexandria, Berkeley / Los Angeles / London, University of California Press, 2006.

Weitemeyer, A rchive and Library = Weitemeyer, M., "Archive and Library Technique in Ancient Mesopotamia", Libri 6 (1956), 217-238.

Wendel, Erste = Wendel, C., "Die erste Kaiserliche in Konstaninopel", ZB 59 (1942), 193-209.

—, RE = Wendel, C., "Planudes Maximus", RE, 20.2 (1950), 2205-2253.

Westerink, Arethae = Westerink, L.G., Arethae Scripta Minora, vols I-II, Leipzig, Teubner, 1968.

—, Commentaries = Westerink, L.G., The Greek Commentaries on Plato ' s Phaedo : Damascius, 2 vols, New York 1976-1977.

—, Prolégomènes = Westerink, L.G. (restoration of text:transl.), Prolégomènes à la philosophie de Platon, Paris, Les Belles Lettres, 1990.

Wildberg, Introductions = Wildberg, C., "Three Neoplatonic Introductions to Philosophy : Ammonius, David and Elias", Hermathena, 149 (1990), 33-51.

Williams, Arius = Williams, R., Arius : Heresy and Tradition, Grand Rapids, Michigan / Cambridge, U.K. 20022.

Wilson, Scholars = Wilson, N.G., Scholars of Byzantium, Baltimore / Maryland, The Johns Hopkins University Press, 1983.

—, Photius = Wilson, N.G., Photius. The Bibliotheca, Duckworth, 1994.

Winden, Sources = Winden, J.C.M. van, Calcidius on Matter. His Doctrine and Sources, Leiden, Brill, 1959.

Witt, Albinus = Witt, R.E., Albinus and the History of Middle-Platonism, Cambridge 1937.

Wlosok, Laktanz = Wlosok, A., "Laktanz", in Gestalten der Kirchengeschichte, M. Greschat (ed.), Stuttgart 1984, 176-188.

Woodhouse, Pléthon = Woodhouse, C.M., George Gemistos Pléthon. The Last of the Hellenes, Oxford, Oxford University Press, 1986.

Wright, Eunapius = Wright, W., Philostratus and Eunapius. The Lives of the Sophists, Cambridge 1922.

Zervos, Philosophe = Zervos, Chr., Un philosophe néoplatonicien du XIe siècle, Michel Psellos, Paris 1920.

Ziegler, Publica = Ziegler, K. (ed.), Cicero De Re Publica, Leipzig 1964.

Zinner, Leben = Zinner, E., Leben und Wirken des Joh. Müller von Königsberg genannt Regiomontanus, Osnabrück 1968.

Zorzi, Libreria = Zorzi, M., La Libreria di San Marco. Libri, lettori, socità nella Venezia dei Dogi, Milano, Arnoldo Mondatori Editore, 1987.

索　　引

A

B

C

索引

D

E

F

G

H

I

J

K

L

M

N

O

P

Q

R

S

T

W

X

Y

Z

后　　记

【236】从公元前 4 世纪至公元前 6 世纪，追随着柏拉图对话录、《法律篇》的各种版本，以及由柏拉图思想所塑造的哲学体系和哲学学说，我们可以发现，尽管在某些时代，柏拉图的思想是模糊的，很难辨认的，但却一直保持了其思想的完整性和连续性。在柏拉图主义和新柏拉图主义的形成过程中，有三个主要阶段：第一个阶段，从柏拉图在学园执教到古典时代晚期（公元前 4 世纪至公元 4 世纪）；第二个阶段，从基督教被正式确定为东西罗马帝国的官方宗教（公元 330 年）至柏拉图主义与基督教的融合；第三个阶段，是拜占庭在 9 世纪的一些举措，以及意大利在 15 世纪欧洲文艺复兴的初期，人们所倡导的对于古典文化和柏拉图哲学的学习研究，这使得人文主义精神在欧洲大陆上得到广泛传播。这里还应指出，阿拉伯因素在“柏拉图对话集”传播中的积极作用。在 9 世纪之后，保留下来的阿拉伯语注解和翻译，成为我们了解柏拉图对话录的评论和提纲的途径。【237】鉴于不同文化之间的隔阂，思想家们对于柏拉图和新柏拉图思想的理解，主要采用三种语言工具：希腊语、拉丁语和阿拉伯语。

从柏拉图的学园时代到古典时代晚期，从东方到西方，希腊世界中的学者们从未停止过对柏拉图对话录的注解和评论，同时，人们基于柏拉图的观点和晦涩深奥的思想，孜孜不倦地创作各种作品。事实上，从普罗提诺在罗马创建首座哲学学校（公元 230 年）开始，他的思想也使得柏拉图的思想得以复苏。从此，从雅典到亚历山大里亚，从3世纪到6世纪，众多哲学学校就逐渐蔓延开来。

中世纪是以早期东西方基督教教父文学为标志的。在包括异教徒和护教士所创作的基督教学问的框架下，教父们试图通过他们的文本将对经典的研究边缘化，以证明柏拉图的思想只在哲学层面上有意义，而在《圣经》和福音书中毫无创新和价值。东西方教会中的教父，分别用希腊语和拉丁语进行创作，从广义上来讲，尽管他们的观点相同，尽管存在语言上的隔阂，但正是这种语言上的隔阂，对后来的柏拉图传统也产生了一些有意义的影响。

【238】在拜占庭，即便是在修道士的世界里，对柏拉图理论的借鉴也从未间断过，其中，主要是他的形而上的理论，以及《蒂迈欧篇》中的"造物主"的概念。然而，在整个西部地区，甚至在意大利，都没有存留下来一部完整的"柏拉图对话集"。因此，在西方，自圣·奥古斯丁时代起，人们只能通过卡奇迪乌斯对《蒂迈欧篇》的注释和讲解以及阿里斯提波对《美诺篇》和《斐多篇》的拉丁文翻译来了解柏拉图。

柏拉图和新柏拉图主义的复兴与人文主义运动相同。整个15世纪，意大利成为了将柏拉图和新柏拉图作品翻译成拉丁文的聚集点。从15世纪中期以后，一位教授"神圣的柏拉图"的伟大导师马尔西利奥·费奇诺不仅在佛罗伦萨建立了柏拉图学院，更是翻译并发表了柏拉图的作品，并将其命名为"柏拉图对话集"。几十年之后，尽管这个学园已经停止运转，但是这个亚诺河畔上的城市，仍然是北方诸多学者的朝圣之地，他们热切地想在这里学习柏拉图和新柏拉图主义，以及对话录中的经典理论。16世纪早期，西方拥有希腊学术知识和懂得希腊语的学者不断增多，因此，当1513年首次出版"柏拉图对话集"时，就取得了巨大成功。另外一些原版作品，主要在阿尔杜斯·马努提乌斯"学院"发行出版。

【239】在后记的结尾，我想以警句的形式，大胆表达一下我对柏

拉图传统传播两千多年以来的看法。或许，借鉴一下柏拉图早期解读者的观点更为合适，如普罗克洛。我从他的作品《柏拉图神学》中摘录了一段，这段话表达了普罗克洛对于“德行”（也是柏拉图对此的看法）以及与神的交流的理解，这段话也是占据其一生的主要观点：“因此，从这些事情里面，我们可以获得柏拉图的神圣概念，以及适应于事物本身的秩序。我们可以说，这个句子的第一部分充分表示了简明、超凡，总而言之，是与所有事物主宰的不平衡性。因为，万物都存在于他之中，然后才展露出事物的潜能，但是，他超越万物，并且与背后的事物毫无关系。”[①]

① II 59，5-10